AF472710

REMARQUES

sur les

INSCRIPTIONS ANTIQUES

DE PARIS

AVEC DES CONSIDÉRATIONS NOUVELLES SUR LA MYTHOLOGIE GAULOISE

PAR

ROBERT MOWAT

Membre résidant de la Société Nationale des Antiquaires de France

Ancien Président de la Société de Linguistique

Membre ordinaire de l'Institut Archéologique de Rome

VIENNE

E.-J. SAVIGNÉ

Imprimeur-éditeur

PARIS

CHAMPION, LIBRAIRE

15, quai Malaquais, 15

1883

REMARQUES

sur les

INSCRIPTIONS ANTIQUES

DE PARIS

REMARQUES

sur les

INSCRIPTIONS ANTIQUES

DE PARIS

AVEC DES CONSIDÉRATIONS NOUVELLES SUR LA MYTHOLOGIE GAULOISE

PAR

ROBERT MOWAT

Membre résidant de la Société Nationale des Antiquaires de France

Ancien Président de la Société de Linguistique

Membre ordinaire de l'Institut Archéologique de Rome

VIENNE

E.-J. SAVIGNÉ

Imprimeur-éditeur

PARIS

CHAMPION, LIBRAIRE

15, quai Malaquais, 15

1883

REMARQUES

sur les

INSCRIPTIONS ANTIQUES

DE PARIS

LES AUTELS GALLO-ROMAINS DE LA CITÉ

Les quatre autels découverts en mars 1710 (1) sous le chœur de l'église Notre-Dame de Paris et conservés actuellement au musée de Cluny ont été publiés par un grand nombre d'auteurs (2),

(1) Telle est la date déclarée par Baudelot et par Moreau de Mautour, contemporains de la découverte. « On ne sait, dit Jollois, comment il se fait que les auteurs qui en ont parlé après eux aient tous daté la découverte de l'année 1711 ». Malgré la justesse de cette observation, l'erreur persiste toujours et on la trouve même reproduite dans les diverses éditions du Catalogue du musée de Cluny.

(2) Dissertations de Baudelot et de Moreau de Mautour, dans les Mémoires de l'*Académie des Inscriptions et Belles Lettres*, tome III, p. 223 et tome V, p. 9. — Jollois, *Antiquités romaines et gallo-romaines de Paris*, dans les *Mémoires présentés par divers savants à l'Académie des Inscriptions*, 2e série, tome I. — Johanneau, *Rapport* dans les *Mémoires de l'Académie celtique*, t. I, p. 140-170. — Dissertation de Jorand dans les *Mémoires de la Société des Antiquaires de France*, tome IV, p. 500. —Muratori, *Thesaurus*, p. 138, n° 4, et p. 1066, n° 5. — D. Martin, *Religion des Gaulois*, t. II, p. 44-110; — Montfaucon, *Antiq. expliq.* t. II, 2e part., p. 423; — Felibien, *Hist. de Paris*, t. I, p. CXXIX - CLII. — Dulaure, *Hist. civ. phys. et mor. de Paris*, éd. 1821, t. I, p. 54-62;— Al. Lenoir, *Musée des monuments français*, tom. I, p. 109; *idem*, *Hist. des Arts en France*, p. 208, et *atlas*, pl. III, etc., etc.

mais toujours avec des inexactitudes et desomissions assez importantes pour qu'il y ait nécessité de réviser le signalement des inscriptions et des bas-reliefs sculptés sur ces autels, en attendant qu'ils soient reproduits d'une manière définitive par les procédés photographiques. Leur étude fournit, en outre, l'occasion de présenter des remarques nouvelles d'un véritable intérêt pour la connaissance de la mythologie gauloise. Ce sont des bases ou piédestaux presque cubiques en pierre de St-Leu, façonnés de même style et de mêmes dimensions, et consistant chacun en deux blocs superposés. Un seul est pourvu d'une corniche ; c'est aussi le seul qui soit complet (notre n° 2 ci-dessous). Les trois autres diffèrent du précédent en ce qu'ils ne sont ornés d'aucune moulure ; de chacun d'eux, il n'a été retrouvé que le bloc formant la moitié supérieure. Sur ces monuments, taillés à quatre faces, sont sculptés en bas-relief des sujets religieux et des divinités dans un encadrement uni dont le bandeau supérieur porte une inscription. C'est toujours un nom gaulois ou romain au nominatif, servant, par conséquent, de légende explicative au tableau correspondant. Ces monuments n'ont donc pas, à proprement parler, un caractère votif, puisque les noms des divinités ne sont pas au datif ; ils ne paraissent pas, d'après leur disposition architectonique, avoir été destinés à l'accomplissement des sacrifices, car leurs proportions relativement considérables s'opposent à cette hypothèse ; leur table supérieure est d'ailleurs absolument plane et unie. On remarque dans la partie centrale des trous de scellement ayant peut-être servi à fixer une colonne ou un socle de statue. Mais une difficulté se présente ici ; quelle statue peut-on imaginer placée sur telle de ces bases dont les faces font connaître les noms de plusieurs dieux différents ? Une question non moins importante serait aussi de savoir pourquoi des monuments consacrés à tant de divinités ont été groupés dans un espace restreint. Une inscription gravée sur l'un d'eux nous apprend que leur pose a été faite par la corporation des Bateliers parisiens sous le règne de Tibère. Ce renseignement chronologique a pour nous une valeur sur laquelle il convient d'insister, puisqu'il reporte la dédicace à une époque très voisine de la grande réorganisation religieuse inaugurée par Auguste dans tout l'empire et continuée par ses successeurs. On sait qu'il releva le culte des Lares publics (1),

(1) Suétone, *August.* XXXI. Ce passage important sert de base à la doctrine professée par M. Léon Renier (*Comptes-rendus de l'Acad. des Inscr. et B. L.*, 1872, p.410).

appelés depuis lors *Lares Augustes* en souvenir du réformateur, et que, par une politique profondément habile, il admit dans le panthéon romain les divinités étrangères dont le culte, à titre de Lares indigènes, continua à être pratiqué par leurs sectateurs entrés *ipso facto* dans la religion officielle de Rome et d'Auguste, c'est-à-dire dans le culte de l'Empereur et des divinités du peuple romain. Le groupement des autels sur lesquels on lit le nom d'*Esus* systématiquement associé à celui de Jupiter et à celui de Vulcain, comme le nom de *Cernunnos* à ceux des Dioscures me paraît, en quelque sorte, l'acte de reconnaissance et l'installation du culte officiel dans la cité des *Parisii*. Le choix de l'emplacement mérite aussi une certaine attention ; il est naturel de supposer que les *Nautes* n'ont pas dû chercher, pour cette édification, un autre terrain que celui qui leur était affecté en propre ; là était le quartier des mariniers, à la pointe orientale de l'île de Lutèce, comme à la proue d'une galère : c'est donc là aussi que se trouvait le *Port* antique, limité d'autre part à la rive gauche du fleuve, jusqu'auquel s'étendaient les demeures des habitants du mont *Lucoticius*, au débouché actuel de la rue St-Jacques (1).

Les choses se sont passées identiquement de même à Melun, située comme Lutèce dans une île de la Seine, ainsi que César en avait lui-même fait la remarque : *id (Melodunum) est oppidum Senonum, in insula Sequanae positum, ut paullo ante de Lutetia diximus* (2). C'est également à la pointe de l'île, près de l'église Notre-Dame de Melun, que l'on a trouvé plusieurs inscriptions provenant d'un temple de Mercure, dont l'une datée du règne de Claude, et un autel quadrangulaire sur lequel sont sculptés quatre divinités. M. Ernest Desjardins a remis en lumière, avec beaucoup de bonheur, cette curieuse similitude de circonstances (3).

Comme l'inscription des Nautes Parisiens est dédiée à Jupiter, on peut croire qu'il y avait, sur l'emplacement du chœur de Notre-Dame de Paris, un temple consacré à ce dieu et que ce temple abritait une sorte de panthéon gallo-romain figuré sur des piédestaux, comme une galerie mythologique disposée pour l'enseignement public du nouveau culte reconnu. Ce qui me confirme dans cette conjecture, c'est que cette suite de tableaux

(1) Cfr. Sauval (t. 1, p. 194) : « la cité est faite comme un grand navire enfoncé dans la vase et échoué au fil de l'eau vers le milieu de la Seine ».

(2) *Bell. Gall.*, VII, 58.

(3) *Géogr. de la Gaule romaine*, tome II, p. 470.

religieux devait comprendre d'autres bases cubiques, au nombre de quatre, découvertes tout près de là (1), dans les démolitions de l'Hôtel-Dieu en 1871, et présentant sur leurs faces, outre l'image d'un dieu à trois visages (un de face et deux de profil) (2), celles de plusieurs Génies symbolisant les épisodes du *Désarmement de Mars*. Ces blocs sont conservés au musée municipal de l'hôtel Carnavalet. Or, on peut s'assurer qu'ils faisaient partie d'un seul et même massif facile à reconstituer.

En effet, trois d'entre eux servaient nécessairement de pierres d'angle, puisque chacun porte des bas-reliefs sur deux faces adjacentes, les deux autres faces non sculptées étant simplement apianies pour servir de joints par juxtaposition. Le premier bloc représente, sur une face, le dieu à trois visages dans un encadrement dont la partie supérieure est ornée de feuilles d'eau superposées par imbrication, sur l'autre face un Génie emportant le Casque de Mars. Le deuxième bloc représente, d'une part, un Génie suspendant l'Épée (au mur d'un temple?), d'autre part, une face ornée, du haut en bas, d'une imbrication de feuilles d'eau. Sur le troisième bloc, d'une part, une face ornée de la même imbrication, et d'autre part, un Génie s'enfuyant avec le Bouclier rejeté sur son dos; les faces imbriquées de ces deux blocs doivent naturellement être réunies, de manière à former la façade postérieure du massif à reconstituer, ce même motif d'ornementation se trouvant rappelé sur la façade antérieure au-dessus de la tête du dieu à trois visages. Le quatrième bloc n'est sculpté que sur une de ses faces; on y voit un Génie suspendant (au mur d'un temple?) la Cnémide droite qu'il vient de détacher; ce bloc est évidemment paré pour être intercalé entre deux blocs d'angle.

Le massif, supposé complet, comportait donc en tout six blocs, dont deux sont absents (3), et ces six blocs formaient, en plan, un rectangle disposé de la manière suivante:

(1) Communication de M. de Longpérier dans les *Comptes-rendus de l'Académie des Inscriptions et Belles-Lettres*, 1871, p. 379. Cfr. *Revue Archéologique*, t. XXII (1870-1871), p. 325.

(2) Voir le fac-similé dans la *Revue Archéologique*, t. XI (1880), p. 9.

(3) Il est permis d'espérer que ces blocs absents et d'autres monuments seront mis au jour dans les travaux de démolition exécutés en ce moment sur le nouveau quai, vis-à-vis le quai Montebello. Des fouilles dirigées avec méthode en feraient certainement découvrir sous le pavé de la cathédrale et sous celui de la place du Parvis.

	Face imbriquée	Face imbriquée	
Génie suspendant l'Épée	nº 2	nº 3	Génie emportant le Bouclier
Génie emportant la Lance	nº 5	nº 4	Génie détachant les Cnémides
Génie emportant la Cuirasse	nº 6	nº 1	Génie emportant le Casque
	Mars Gradivus	Janus Quirinus	

Il est aisé de deviner que, des deux blocs absents, l'un, auquel je donne le nº 5, représentait un Génie portant la Lance et correspondait au Génie chargé des Cnémides, l'autre, auquel je donne le nº 6, formait le quatrième angle du massif et représentait, d'une part, un Génie emportant la Cuirasse, d'autre part le dieu Mars en personne, armé de toutes pièces et placé à la droite du dieu à trois visages sur la face principale du massif. Les deux longues façades latérales étant réservées aux six épisodes du *Désarmement de Mars*, il devient manifeste que la façade antérieure représentait le dieu sous deux aspects correspondant respectivement à l'état de guerre et à l'état de paix, et que, par conséquent, le dieu à trois visages, figuré à gauche du Mars partant en guerre ou Mars Gradivus, n'est autre que Janus Quirinus appelé parfois Janus Quadrifrons, dont on reconnaît le portrait à ses trois visages visibles sur le revers d'une monnaie de bronze d'Hadrien (1). Le double caractère de Mars, tantôt dieu guerrier, tantôt dieu pacifique *(Mars Pacifer)* est nettement défini par Servius (2) : *Mars enim, quum saevit, Gradivus dicitur ; quum tranquillus est, Quirinus.* Quant à l'identification de ce dieu pacifique avec Janus, elle résulte du surnom *Quirinus* donné à Mars par Servius dans le passage précité, et à Janus par Suétone (3), *Ianum Quirinum, semel atque iterum a condita Urbe memoriam ante suam clau-*

(1) Cohen, *Descr. des monn. de l'Empire Romain*, Hadrien, nºs 711 et 712 (1re édition). Cfr. Montfaucon, *Ant. Expl.*, t. I, pl. VI, fig. 19.
(2) *Aen.* I, v. 292.
(3) *August.* XXII.

sum, in multo breviore temporis spatio, terra marique pace parta, ter clusit (Augustus).

Sur le bas-relief parisien, le dieu tient dans la main gauche une tête de bélier, l'animal pacifique par excellence qui lui était sacrifié dans les cérémonies des frères Arvales (1) et dans la fête des *Agonalia*, d'après le rapport de Sénèque (2).

Ainsi s'explique la présence des trois mufles de bélier qui correspondent à autant de Génies figurant aussi les épisodes du *Désarmement de Mars*, sur une base de candélabre en marbre, au musée du Louvre (3).

Ajoutons que la plupart des stèles janiformes de Reims (4), improprement qualifiées d'autels tricéphales, sont caractérisées par une tête de bélier sculptée sur le plat de la partie supérieure. D'abord, ce ne sont pas des autels, mais des blocs sur lesquels on voit, non pas trois têtes humaines adossées, mais trois visages barbus, orientés dans des directions différentes sur une seule et même tête. Deux de ces blocs sont en outre couronnés de laurier, exactement comme le Janus Quadrifrons décrit par Montfaucon (*Ant. Expl.*, t. I, pl. VI, f. 18) et comme le Janus Bifrons des monnaies de la République romaine. En conséquence, je considère toutes ces stèles comme de grossières représentations de Janus, dont il était inutile de sculpter le visage postérieur, parce que la quatrième façade du bloc, simplement épannelée, était destinée à rester appliquée contre un mur ; dans aucun cas, d'ailleurs, le spectateur ne pourrait apercevoir simultanément plus de trois des visages du Quadrifrons. Ce qui achève de prouver que ces soi-disant tricéphales, et notamment celui de notre monument parisien, sont des images de Janus mis en rapport d'opposition avec Mars, c'est que le type si controversé de la tête à trois visages apparaît, en compagnie d'un Mars armé et d'une Victoire ailée, parmi les sculptures qui ornent une inscription (5) découverte à Risingham (Angleterre) : NVMINIB || AVGVSTOR || COH $\overline{\text{IIII}}$ GAL || EQ || FEC. Les archéologues anglais ne s'y sont pas trompés, et n'ont jamais songé à en faire le portrait d'une divinité gauloise innommée, dont on serait fort embarrassé d'indiquer, même approximativement, les attributions.

(1) Orelli, n° 2270 : IANO PATRI ARIETES $\overline{\text{II}}$.

(2) Cfr. Preller, *les Dieux de l'ancienne Rome*, p. 133 (trad. Dietz).

(3) Froehner, *Notice de la sculpture antique du Musée du Louvre*, n° 132.

(4) Elles sont décrites par M. Al. Bertrand dans la *Revue Archéologique*, t. XL (1880), p. 11-13.

(5) Bruce, *Lapidarium Septentrionale*, p. 325, n° 627.

Nos bas-reliefs du *Désarmement de Mars* semblent tout à fait contemporains des autels provenant de Notre-Dame, c'est-à-dire du règne de Tibère; on ne doit donc pas songer à les mettre en rapport avec la fermeture du temple de Janus à Rome, dont parle Suétone, et qui eut lieu à trois reprises différentes sous Auguste, en 725 de Rome, en 729 et en 752 (1), et une fois sous Néron en 818 (2). Je croirais plutôt qu'ils furent exécutés à l'occasion de la pacification de la Germanie, après la défaite d'Arminius par Germanicus, en l'an 770. La forme allongée du massif entier indique bien qu'il servait de piédestal à une statue équestre, par exemple, celle de Germanicus, ou plutôt celle de l'empereur Tibère dont le nom devait être inscrit sur un socle.

Si je me suis étendu sur l'explication des bas-reliefs découverts à l'Hôtel-Dieu, c'est parce qu'ils sont généralement peu connus et qu'il me paraît difficile de les séparer de ceux de Notre-Dame avec lesquels ils forment un ensemble à la fois historique et mythologique. Les réflexions que je viens de présenter aideront à déterminer la destination et la signification des bas-reliefs épigraphiques dont je vais aborder directement l'étude.

I

Autel de la DÉDICACE (nº 2 du catalogue du Musée de Cluny). — Largeur des faces, 75 centimètres; hauteur, 47 centimètres.

Cette inscription (3) est gravée sur la face occidentale de l'autel,

(1) Mommsen, *Res gestae divi Augusti*, p. 32.
(2) Suétone, *Nero*, XIII.
(3) Le fac-simile ci-dessus gravé est au dixième de la grandeur réelle.

dans l'intérieur d'une aire creuse, entourée d'un encadrement à marges unies, formant un relief d'environ un centimètre, suivant un usage qui paraît avoir joui d'une certaine faveur chez les lapicides de la Gaule, jusqu'au deuxième siècle de notre ère; telle est l'inscription gauloise de *Bratronos* découverte à Néris et conservée au Musée de Cluny; telle encore celle de *Geminius* découverte à Paris et conservée au Musée Carnavalet, ainsi que l'ex-voto à *Apollon* et à *Veriugodumnus* conservé au Cabinet des médailles.

Les lettres ont une hauteur variable; à la première ligne, 4 centimètres 1/2; à la deuxième, 5; aux suivantes, 4. L'I de la première et le T de la deuxième dépassent les autres lettres. La boucle des P est ouverte à la partie inférieure. Chaque mot est suivi d'un point triangulaire, placé, tantôt à mi-hauteur, tantôt au-dessus de l'alignement. Il y en a un à la fin de la première ligne; on ne saurait affirmer qu'il en ait été de même pour d'autres lignes, car leur extrémité a beaucoup souffert, et la marge se trouve presque détruite à droite; de plus, une cassure a fortement endommagé les trois premières lettres de la cinquième ligne, sans cependant empêcher leur déchiffrement. Faute de place, la lettre M, de OPTVMO, a été réduite à 3 centimètres et la finale O rejetée au-dessous du mot, dans l'interligne; il en est de même des deux dernières lettres de POSIERVNT. Le mot MAXSVMO, de la troisième ligne, est suivi d'un espace notable laissé en blanc; on y distingue un V faiblement gravé, dont un bras pénètre dans l'O interlinéaire précité; c'est un V, ou peut-être le chevron d'un M, l'une ou l'autre lettre appartenant à SVMMO, épithète fréquemment ajoutée à celles de Jupiter, *Optimo*, *Maximo*. Mais le lapicide, ayant sans doute reconnu qu'il n'avait pas la place suffisante, a renoncé à graver le mot, en essayant de faire disparaître, au moyen de la pierre ponce, la partie qu'il avait déjà esquissée au trait.

L'inscription paraît complète, car il règne au-dessous de la cinquième ligne une surface unie qui aurait pu être utilisée, si le besoin en eût été éprouvé. L'aire épigraphique est en outre limitée par un bandeau horizontal inférieur qui partageait la face de l'autel en deux registres superposés. Le registre inférieur étant absent, il est impossible de dire ce qu'il renfermait; on peut cependant conjecturer qu'il était anaglyphe, et que la face, dans son ensemble, offrait un dispositif analogue à celui de l'autel de Nîmes, consacré à Mars Britovius, dont la dédicace est contenue dans un registre supérieur, et dont le registre inférieur est occupé par un bas-relief représentant un taureau et un bélier affrontés (1).

(1) Ménard, *Hist. de Nîmes*, t. VII, éd. 1758, p. 213, planche.

Quoiqu'il en soit, je lis ainsi l'inscription : *Tib(erio) Caesare Aug(usto), Iovi Optumo, Maxsumo,* [*Su*]*m*[*mo ?*], *Nautae Parisiaci publice posierun*[*t*].

Traduction : *Sous Tibère César Auguste, à Jupiter, très bon, très grand, suprême, les bateliers parisiens ont élevé ce (*ou *ces) monument aux frais de la Cité.*

Comme le nom de la divinité se trouve au datif, tandis que celui de l'empereur est à l'ablatif absolu, le début du texte constitue une date ; d'après l'usage romain, il eut fallu ajouter le quantième du consulat et celui de la puissance tribunice ; la tournure employée doit donc être considérée comme un provincialisme, et correspond peut-être à une manière de parler propre aux Gaulois. On a des exemples de titres impériaux mis à l'ablatif (1); mais en général le datif a été préféré, parce qu'alors le protocole réunit l'avantage d'une date à celui d'une dédicace. L'adjectif *Parisiaci* est un dérivé de l'ethnique *Parisii*, à l'aide du suffixe gaulois *acus*, comme *Osismiaci* de *Osismii*, *Segontiaci* de *Segontium*, *Mogontiaci* de *Mogontium*. En style épigraphique, *publice* signifie toujours « avec les deniers publics », et non pas « publi- « quement ». L'orthographe archaïque de *posierunt* pour *posuerunt* se retrouve dans d'autres inscriptions (2). La formule *publice posuerunt,* peu commune, se rencontre, conjointement avec la dédicace *in honorem domus divinae,* dans une inscription (3) qui couvre les quatre faces d'un autel de Metz, consacré à Jupiter, et dont la rédaction et la teneur me paraissent contemporaines de notre autel parisien. Il en résulterait que les limites assignées par M. Henzen à l'emploi de la formule *in honorem domus divinae,* sur la seule autorité d'un petit nombre de textes datés de l'an 170 à 246, sont probablement loin de correspondre à la réalité, et qu'il faut peut-être remonter la limite supérieure jusqu'au commencement du premier siècle.

Il y a un curieux rapprochement à faire entre l'inscription des bateliers parisiens et celle de la corporation des bouchers dans la cité des *Petrocorii;* je veux parler d'un autel découvert à Périgueux (4) sur lequel on lit :

(1) *Corp. Insc. Lat.* III, 1498; Millin, *Voyage dans le Midi*, III, p. 52

(2) *C. I. L.* I, 1284 ; Orelli, 5061.

(3) Ch. Robert, *Epigraphie de la Moselle,* p. 31.

(4) *Revue archéologique*, t. I (1844), p. 262 ; Orelli-Henzen, n° 7237 ; E. Galy, *Catalogue du Musée archéologique du département de la Dordogne*, p. 45, n° 249.

IOVI·O·M·ET
GENIO
TI·AVGVSTI
SACRVM
LANIONES

Sur la face opposée de l'autel de Paris (face orientale), le milieu du listel supérieur est occupé par une inscription dont toutes les lettres sont assez bien conservées ; hauteur 5 centimètres 1/2 :

EVRISES

Au-dessous, on voit un bas-relief composé de trois personnages présentant la tête de face, tout en se dirigeant en file vers la gauche du tableau. Ce sont des hommes barbus, coiffés de bonnets, armés de lances et de boucliers en forme d'hexagones allongés. Celui qui tient la tête de la file est, en outre, porteur d'un grand cercle, que certains auteurs ont pris pour une couronne, contre toute évidence ; voir plus loin le *fac-simile*.

La face méridionale contiguë présente une scène presque semblable: ce sont trois jeunes hommes imberbes, coiffés de bonnets, armés de lances et de boucliers, non pas hexagonaux comme les précédents, mais d'une forme ovale. Ils sont disposés en une file qui fait manifestement suite à celle des guerriers barbus; le dernier personnage est presque entièrement détruit. Le listel supérieur, très maltraité en partie, vis-à-vis la gauche du spectateur, ne porte aucune inscription ; on peut même affirmer qu'elle n'en a jamais eu, car la symétrie exigerait qu'elle fût placée au milieu du listel. Or, la surface de la portion de bandeau encore existante est assez nette, et l'on y reconnaîtrait des traces de lettres s'il y en avait eu. Le mot EVRISES paraît donc servir d'épigraphe commune à l'ensemble des six personnages armés et répartis par groupes de trois sur deux panneaux contigus de l'autel. Ils se dirigent processionnellement vers un groupe de trois autres personnages représentés de face sur le quatrième panneau (celui du Nord), et vêtus de longues draperies. Ces dernières figures sont fort endommagées, particulièrement celle qui est à la droite du spectateur; celle qui est à gauche, mieux conservée, est peut-être une femme, à en juger par la proéminence des seins. Le groupe est surmonté d'une inscription qui devait occuper toute la longueur du bandeau, mais dont la fin est malheureusement détruite. Les lettres forment deux mots distinctement séparés par un intervalle en blanc, sans signe de ponctuation; hauteur 5 1/2 centimètres :

SENANI VSEILONI////

Senani useiloni.....

Le premier mot, SENANI, est intact; quant au suivant, VSEILONI..., la partie supérieure des lettres a été enlevée par une cassure; le N final est presque anéanti jusqu'à la base, et on aurait de la peine à le restituer, sans la copie de Mautour qui a pu le voir autrefois en meilleur état de conservation et qui a lu VSEILOM; peut-être au lieu de M y avait-il NI avec d'autres lettres jusqu'à la fin du bandeau, de manière à correspondre symétriquement au mot *Senani* placé à l'autre extrémité.

Les neuf personnages sculptés sur l'autel appartiennent donc à une composition triptyque qui paraît n'être autre chose que la mise en scène du sujet indiqué par l'inscription dédiée à Jupiter sous Tibère. Il n'est pas rare de rencontrer des autels ornés de scènes religieuses; c'est ainsi qu'on voit un sacrifice figuré avec tous ses acteurs sur un autel dédié à Jupiter, à Junon, à Minerve et au Génie de la troisième cohorte de Bretons (Musée de Munich) (1); sur un autre on voit un chœur de cinq femmes exécutant une danse sacrée en l'honneur des déesses Matrones (Musée de Turin) (2). Un troisième monument présente, dans son dispositif, une analogie plus frappante encore avec celui de Paris. La face principale est divisée en deux registres superposés; celui du dessus contient un vœu aux Matrones pour la santé de l'empereur Caius César Auguste (Caligula); le registre inférieur est occupé par une scène de sacrifice à trois personnages. Sur les autres faces, comme sur les panneaux d'un triptyque, se développe une danse chorale exécutée par cinq femmes, trois sur la face postérieure, une sur chaque face latérale (3) (église de Pallanza). Notez que cet autel est presque contemporain de celui de Paris; il est donc permis de conjecturer dans une certaine mesure que, d'après l'analogie du dispositif, le registre placé au-dessous de l'inscription

(1) *Corp. inscr. latin.*, t. III, nº 5935; voir le *fac-simile* dans les *Rœmische Denkmæler Oberbayern*, t. II, pl. 1, fig. 9, et dans le *Oberbayerisches Archiv. für Vaterlændische Geschichte*, t. VI, (1845), pl. 2.

(2) *Ibid.*, t. V, nº 7210. Voir le *fac-simile* dans *Mélusine, revue de Mythologie*, p. 513. d'après les *Atti della societa di archeologia per la provinzia di Torino*, t. I (1875), p. 22.

(3) *Corp. inscr. latin*, t. V, nº 6641.

des Nautes contenait une scène sacrificatoire comparable à celle qui se voit sur le registre correspondant de l'autel de Pallanza et sur celui de Nîmes.

Quant à la procession des hommes armés, je reconnais en eux les Nautes venant offrir à Jupiter l'objet circulaire porté par celui qui paraît leur chef, le bras droit passé au travers. L'équipement dont ils sont pourvus ne contrarie nullement ma conjecture, car on sait que les Gaulois paraissaient en armes dans toutes les cérémonies publiques; ceux que l'on a devant les yeux ont sans doute quitté le costume et les instruments de leur métier pour une circonstance dans laquelle ils jouaient le rôle de dédicants. Ce qui me confirme dans cette hypothèse, c'est que le mot *eurises* semble avoir un rapport étymologique avec le mot gaulois *ieuru* qui comporte l'idée votive, soit qu'on le regarde comme un verbe, répondant à *vovit*, soit qu'on préfère le traiter comme une forme nominale, *voto* (1). Si je ne m'abuse, *eurises* équivaut à quelque chose comme *consecratores, votiferi*, plutôt qu'à *nautae*; comparez aussi ce mot au nom d'homme *Euronius* (2).

Et, d'autre part, si l'on observe que les *Eurises* sont au nombre de six, que ce nombre est précisément celui des membres du collège institué dans chaque cité pour le culte des Lares Augustes, et qu'à Lyon on trouve des *Navicularii* et des *Nautae Ararici* revêtus de ces fonctions, on sera amené à conclure que nos *Eurises* sont très vraisemblablement les Sévirs Augustaux de la cité choisis dans la corporation des mariniers comme leurs collègues de Lyon; dans cette hypothèse, le groupe des trois *Eurises* barbus et celui des trois *Eurises* imberbes représenteraient respectivement les *Seviri Seniores* et les *Seviri Iuniores*, tels qu'ils sont distingués dans des inscriptions de Turin, de Vercelli, de Milan. On peut conclure aussi, par extension, que les *Laniones*, qui ont élevé un autel à Jupiter et à Tibère, l'ont fait en qualité de Sévirs Augustaux de la cité des *Petrocorii*.

Il va de soi que les personnages désignés par l'énigmatique inscription *Senani useiloni*... ne sauraient être pris pour des Druides, puisque l'institution de ces derniers avait été abolie par

(1) Voir dans les *Comptes-rendus de l'Académie des Inscriptions et Belles-Lettres* pour 1880, séance du 16 juillet, mon *Explication d'une inscription céramique gauloise renfermant un nouveau verbe*.

(2) Ausone, *Parent*, 14.

Auguste pour faire place à la hiérarchie sacerdotale romaine. C'est tout ce que je me permets de dire à l'égard de ce texte.

J'arrive maintenant à l'explication de l'objet circulaire porté par le chef des *Eurises*. C'est, à n'en pas douter, une roue votive. Il est, en effet prouvé, par un grand nombre de monuments, que la roue, symbole du char de voyage, était consacrée à Jupiter. On la voit dans la main gauche d'une figurine de Jupiter Tonnant provenant de St-Dizier (1), et dans celle d'une autre figurine (2) du même dieu, trouvée à Fond-Pré (Aisne), avec un socle portant l'inscription :

I O M
ET N AVG

Remarquons en passant, que la comparaison de ce texte avec celui de l'ex-voto des *Laniones* de Périgueux démontre la synonymie des expressions *Genius Augusti* et *Numen Augusti*. Il faut donc ici écarter les diverses interprétations *N(umini) Augusto*, ou *N(uminibus) Aug(ustis)*, et adopter la traduction : *I(ovi) O(ptumo) M(axsumo) et N(umini) Aug(usti)*.

La roue accompagne d'autres dédicaces à Jupiter ; elle est sculptée au bas d'une inscription conservée à Montpellier, dont je dois un estampage et un bon dessin à l'obligeance de M. Cazalis de Fondouce :

////I · ET · AVGVSTO
////CINIA · VITOVSVRIO////

[Iov]i et Augusto [sac(rum)], [Li]cinia Vitousurio[na] [v.s.l.m.] ou *Vitousurio [v.s.l.m]*. On sait que la langue gauloise admet des noms féminins en *o* et en *io*, comme *Banio, Cobluto, Fremantio*.

(1) De Longpérier, *Notice des bronzes antiques du Musée de Louvre*, p. 4, n° 14. Maxe-Werly, dans la *Revue Archéologique*, XXXI, p. 404, avec fac-simile.

(2) Ed. Fleury. *Antiquités et monuments du département de l'Aisne*, t. II, p. 61, f. 182 ; cfr. *Bulletin de la Soc. des Antiq. de France*, 1874, p. 101 ; M. Héron de Villefosse, revenant sur cette communication dans la séance du 1er décembre 1880, a parfaitement reconnu dans les *rouelles*, que l'on découvre si souvent, des roues de char consacrées comme symboles votifs à Jupiter. Cfr. *Rev. Arch.* XLI (1881), p. 11.

La roue est également sculptée au bas de deux inscriptions du département du Gard (1), celle de St-Privat :

SANCTI
TATI
IOVIS·ET
AVGVSTI
SACRVM
LVCILIVS
CESTI◉

et celle de Collias :

IOVI
CORIO*le*DENSES
ET·BVDENICENSES

J'ai, moi-même, reconnu (2) la présence de cinq roues sculptées sur un seul et même autel, découvert à Jublains et portant la dédicace :

AVG DEO
IOVI OPTIMO MA
XIMO //////////

Je termine cette liste d'exemples en renvoyant aux numéros 879 et 882 du tome VII du *Corpus Inscriptionum Latinarum.*

Le geste du personnage qui, dans le tableau des *Eurises* porte une roue suspendue à son bras droit, offre une grande analogie avec celui d'une statue équestre de Luxeuil (3), passant aussi le bras droit dans une roue à six rais. Il convient également de mentionner ici un fragment trouvé aux Ronchers (Meuse) (4), et consistant en une roue à quatre rais entre lesquels est passée une main droite brisée au poignet. Dans l'état incomplet où ces sculptures nous sont parvenues, il est difficile de préciser davantage le rapport qu'elles peuvent avoir avec notre sujet ; j'ai crû,

(1) Germer-Durand, *Découvertes archéologiques*, 1877, p. 24 et 42 ; cfr. Allmer, *Revue Epigraphique du Midi de la France*, n°s 162 et 157, avec la lecture CORIOSSEDENSES.

(2) Mowat, *Remarques sur les inscriptions antiques du Maine*, dans le *Congrès Archéologique de France*, XLVe session, 1879, p. 257, avec un fac-simile.

(3) Caylus, *Recueil d'antiquités*, t. III, p. 367, pl. XCIX.

(4) Voir le dessin de M. Maxe-Werly, dans la *Revue Archéologique*, t. XXXI (1876), p. 404. L'auteur a bien voulu nous permettre de le reproduire, ainsi que celui du Jupiter Tonnant de St-Dizier ; nous les avons groupés ci-après avec notre croquis du chef des *Eurises*.

néanmoins, devoir en faire le rapprochement, ne fût-ce que pour mémoire.

Après quelques tâtonnements inévitables, on a fini par reconnaître que, sur une certaine catégorie de monuments, la roue était un attribut de Jupiter. Tout récemment, M. Héron de Villefosse (1) a fait faire un pas de plus à cette question en rattachant formellement au culte de ce dieu les rouelles métalliques que M. Maxe Werly (2) avait déjà soupçonné être des amulètes, des symboles, plutôt que des monnaies d'un genre particulier, comme le croyaient quelques personnes. Il s'agit maintenant de remonter à la signification même de l'acte votif représenté par ces objets. Or, si l'on considère que la roue est le symbole caractéristique du chariot de voyage, et, par suite, le symbole du voyage lui-même, ainsi que cela est signifié par le type de la VIA TRAIANA sur une monnaie de Trajan, sous les traits d'une femme couchée, s'appuyant sur une roue, on comprend parfaitement pour quelle raison le même attribut a été donné, par exemple, sur des monnaies de Marc-Aurèle, de Commode, de Postume, de Dioclétien (3), à la *Fortuna Redux* qui préside aux incidents divers et à la réussite finale du voyage; il semble même que la Fortune ne soit accompagnée de cet attribut qu'autant qu'elle porte l'épithète *redux*. Mais il est une autre divinité qu'invoque le voya-

(1) *Bulletin de la Société des Antiquaires de France*, séance du 1er décembre 1880.

(2) *Revue Archéologique*, t. XXXI, p. 405.

(3) Cohen, *Descr. hist. des monnaies impériales*, *M. Aur.* 485; *Comm.* 55, 56, 57; *Post.* 42, (grav.); *Diocl.* 160. De Witte, *Rech. sur les Emp. rom.*, pl. V, n° 65.

geur; c'est celle à laquelle est adressé si souvent le vœu *pro itu et reditu*, c'est Jupiter, le régulateur souverain des bonnes conditions atmosphériques, indispensables à la réussite d'un voyage, témoin la qualification qu'il reçoit dans l'inscription (1) de Lescure (Aude), transportée à Foix :

I · O · M
AVTORI (*sic*)
BONARVM
TEMPES
TATIVM (*sic*)
VAL · IVSTVS

Aussi arrive-t-il que les deux divinités sont parfois associées, comme dans une inscription de Dijon (2) qui débute par la dédicace suivante :

I · O · M
ET · FORTVNAE · REDVCI
PRO · SALVTE · ITV · ET · REDITV
T · FL · VETERIS *etc.*

Bien plus ; de même que l'on honorait une *Fortuna Redux*, de même il y avait un culte de *Jupiter Redux* auquel un temple était consacré dans le camp des *Peregrini*, près de Rome (3).

De tout cela, nous conclurons que Jupiter et la Fortune, étant invoqués par des voyageurs ou pour des voyageurs, la roue de char offerte en manière d'ex-voto à ces divinités est devenue un attribut qu'elles peuvent revendiquer à titres égaux.

Le sens concret de cette pratique païenne s'étant perdu lors de l'établissement du christianisme, la roue de la Fortune a été regardée, par une pure métaphore philosophique, comme l'emblème des vicissitudes humaines, *rotam volubili orbe versamus, infima summis, mutare gaudemus* (4). L'analyse archéologique lui restitue aujourd'hui sa signification primitive, et l'étend à la roue de Jupiter ; les deux divinités ont pour apanage commun le même attribut, dès lors qu'elles ont une attribution commune

(1) *Mém. de la Soc. arch. du Midi de la France*, t. VI (1852), p. 76.

(2) Gruter, p. 8, n° 2 ; Spon, *Misc.*, p. 223 ; Reinesius, *Syntagma*, p. 234, n° 263. Les copies de ces auteurs présentent des divergences considérables dans le reste du texte.

(3) Orelli, n° 1256.

(4) Boetius. *Consolat. Philosoph.*, lib. II, 2.

signifiée par l'épithète *Redux*. La conséquence en est qu'il ne faut pas regarder comme exclusivement consacrées à Jupiter les petites roues ou rouelles, en or, en argent, en bronze, en plomb, avec ou sans rais, qui ont été découvertes sur divers points de notre territoire, quelquefois en nombre considérable (1); la Fortune serait en droit d'en réclamer une bonne part.

Parmi les trouvailles de rouelles qui se recommandent particulièrement à notre attention, comme ayant trait au présent sujet, je signale celles qui ont été faites dans des cours d'eau; les dragages (2) de la Loire, près d'Orléans, en ont ramené plus de 2000; il est permis de croire que ces objets y ont été jetés par les *Nautae Ligerici*, ou par des voyageurs traversant le fleuve; des rouelles et des monnaies contremarquées d'une roue ont été trouvées dans la Mayenne au gué St-Léonard, et dans la traversée de la Vilaine à Rennes. Les monnaies en quantité prodigieuse qu'on a retirées de ces deux rivières ne sont vraisemblablement que des ex-voto de même destination, simulant des roues pleines, et suppléant, par nécessité, aux rouelles spécialement fabriquées pour l'usage votif, mais qui, dans la circonstance, faisaient, sans doute, défaut aux dédicants de passage. Les rares spécimens de roues en bronze, *grandeur nature*, que l'on conserve dans quelques musées — celles de Toulouse et du cabinet des médailles ont environ $0^{m}55$ de diamètre — sont également, à mon avis, des ex-voto consacrés par de riches personnages, à leur retour d quelque longue et pénible pérégrination. Je remarque, en effet, que de telles roues n'ont jamais pu, dans la pratique, servir d'instruments de locomotion; leur pourtour n'offre pas assez de surface pour l'appui sur le sol et s'y enfoncerait profondément, en donnant lieu à un tirage énorme; leur évidement extérieur, en forme de gorge de poulie, n'a visiblement été ménagé que pour économiser le métal, aux dépens de la solidité de l'instrument, et nullement pour recevoir un intérieur en bois, comme on l'a proposé, à coup sûr sans avoir consulté un charron (3).

La roue étant le signe conventionnel du voyage en général, même s'il est effectué en partie par eau, notre explication convient

(1) De Widranges, *Des anneaux et des rouelles, antique monnaie des Gaulois*, 1861.

(2) *Bulletin de la commission des Antiquités de la Seine-Inférieure*, t. III (1874), p. 176; *Bulletin monumental*, t. XXXVIII (1872), p. 194.

(3) *Revue Archéologique*, t. XXXIII (1877), p. 161. Roschach, *Catalogue des Antiquités du Musée de Toulouse*, 1865, n. 516.

2

à toutes les roues et rouelles votives en métal, fluviatiles ou autres, y compris celle que l'on voit au bras du chef des Nautes Parisiens et qu'il consacre à Jupiter dont la statue surmontait, sans doute, notre autel.

On nous pardonnera la longueur de ces développements ; ils étaient nécessaires pour l'intelligence du tableau figuré sur le monument que nous étudions.

II

Autel des TROIS DIEUX (n° 1 du catalogue). — Ce monument consiste en deux blocs superposés ; celui de dessus est pourvu d'une corniche haute de 11 centimètres, et faisant une saillie de 3 centimètres ; celui de dessous a perdu son soubassement. Hauteur totale, 1^m55 ; largeur du dé, 0^m74.

Sur la face principale, tournée à l'Est, Jupiter est représenté en pied et de face, vêtu d'une longue draperie qui laisse à découvert le bras droit et la moitié du torse de ce côté ; de la main gauche, il s'appuie sur une haste qu'il tient près de la pointe ; la main droite baissée tient le foudre au-dessus d'un aigle posé aux pieds du dieu ; ces deux attributs sont tellement endommagés que Lenoir les avait pris dans leur ensemble pour une toison de bélier trainant jusqu'à terre, la tête en bas.

Au-dessus de la tête du dieu, et au milieu de l'encadrement, on lit :

IOVIS

Les lettres, hautes de 3 1/2 centimètres à 4 1/2, sont bien conservées ; un trait horizontal, gravé par une main moderne, sous le premier I, l'a transformé en un L, de manière à faire lire LOVIS, *Louis.*

Le nominatif *Iovis*, employé quelquefois pour *Iovis pater (Iupiter)* par Ennius et par Aulu-Gelle, se rencontre aussi dans l'épigraphie numismatique, témoin la légende IOVIS CVSTOS sur des monnaies de Vespasien, de Titus, mais IVPPITER *(sic)* CVSTOS sur celles de Néron, de Domitien (1). Comme exemple épigraphique, on peut citer une inscription de la Galerie Africaine, au Musée du Louvre, donnant le nominatif (2) IOVIS VICTOR.

(1) Cohen, *Descr. hist. des Monn. impér. Nér.*, 12 ; *Vesp.*, 105 : *Tit.* 44 ; *Dom.* 374.

(2) L. Renier, *Insc. rom. de l'Algérie*, n° 1890.

Sur la face adjacente de l'autel tournée au Sud, le bas-relief représente Vulcain debout et de face, vêtu d'une tunique courte dont un pan est noué autour des reins, de manière à laisser libres les mouvements du torse et du bras droit; c'est son costume de travail. Il a pour coiffure le *pileus* surmonté d'un bouton; de la main droite, il tient un marteau contre sa poitrine, et de la main gauche baissée une paire de tenailles. Au-dessus de la tête, on lit, en lettres bien conservées, hautes de 5 centimètres, l'inscription:

VOLCANVS

Il est certain que les Gaulois honoraient un dieu assimilable à Vulcain; cela résulte d'un passage de Florus *(Epitom. XX)* : *Viridomaro rege, romana arma Vulcano promiserant*, (*sc. Insubres*). On parviendra peut-être un jour à reconnaître son nom indigène parmi ceux de tant de divinités gauloises encore indéterminées; son culte a laissé des traces, sous le vocable romain, dans un grand nombre de localités, Avignon, Die, Nîmes, Vif, Chanoz, Sens, Vieux, Narbonne, Lyon. La ville de Nantes ne possède pas moins de trois inscriptions consacrées à ce dieu par les *Vicani portuenses*, c'est-à-dire les habitants du Portus Namnetum; l'une d'elles prouve que les bateliers de la Loire, de même que ceux de la Seine, professaient un culte particulier pour Vulcain:

DEO VOL
PRO SALVTE
VIC·POR ET NAV
LIG·

Deo Vol(cano), pro salute Vic(anorum) Por(tuensium) et Nau(tarum) Lig(ericorum).

A ce propos, notons que Vulcain était l'objet de grands honneurs dans un autre port, celui d'Ostie, à l'embouchure du Tibre. Ce culte, qui comportait une hiérarchie sacerdotale toute spéciale, y a certainement été institué pour toutes les professions ressortissant à la navigation du fleuve et au service de l'Annone.

Sur l'autre face latérale du même autel, tournée au Nord, le bas-relief représente un personnage profilé à droite et à demi-vêtu d'une tunique courte troussée comme celle de Vulcain; il brandit une hache carrée à manche court avec laquelle il abat ou ébranche un arbre; les feuilles ont la forme lancéolée caractéristique du saule, essence d'arbres qui devaient croître en abondance dans les îles de la Seine et sur ses rives.

Au-dessus de la tête de ce personnage, l'encadrement porte une inscription en quatre lettres hautes de 4 1/2 centimètres :

ESVS

Tout le monde connaît les vers de Lucain (1) :

Et quibus immitis placatur sanguine diro
Teutates, horrensque feris altaribus Esus
Et Taranis scythicae non mitior ara Dianae.

Lactance (2) mentionne aussi le dieu Esus : *Galli Esum atque Teutatem humano cruore placabant* ; mais son témoignage n'ajoute rien à celui de Lucain qu'il a manifestement paraphrasé. D'après d'aussi maigres renseignements, il serait impossible de se faire une idée des attributions d'Esus, si le bas-relief parisien ne suppléait au laconisme insuffisant des seuls auteurs qui nous ont simplement transmis son nom. Notre autel est autrement instructif ; il me suffit de constater la nature de l'occupation à laquelle se livre le personnage équipé en bûcheron, pour être sûr que c'est un dieu forestier ; sans donc prêter arbitrairement à l'acte qu'il accomplit la moindre signification mystérieuse, je n'hésite pas à l'identifier avec le type connu de Silvain tenant une branche qu'il vient de couper à l'aide de sa serpe à un arbre près de lui ; la hachette carrée d'Esus correspond même, pour la forme, à l'outil coudé en équerre mis quelquefois dans la main de Silvain (3).

Les attributions de Silvain ne sont pas limitées aux forêts ; elles s'étendent au bois pris dans son acception la plus large, bois sur pied, et bois de construction, car en latin le mot *silva*, d'où *Silvanus*, comporte cette double signification. Le dieu Silvanus préside donc au travail du bois et aux diverses industries qui lui ressortissent ; c'est ainsi que le travail des carrières, *saxa*,

(1) *Pharsale*, v. 444-446.

(2) *Divin. Inst.* l. I (*de fals. relig.*), c. 21.

(3) Montfaucon, *Ant. expl.* t. I, p. 274, pl. et XXVII, fig. 1, 2, 3 : « Silvain tenant de la main droite une serpe et de la gauche une branche d'arbre, ayant un chien à ses pieds, toutes marques du dieu des forêts et des troupeaux. Il est nu dans cette image, mais la suivante le représente vêtu d'un habit rustique qui lui descend presque jusqu'au genou. Il est entre deux arbres, comme dieu des forêts, et tient de la main droite, une serpe qui ressemble à *un équerre* (*sic*), et de la gauche un bâton recourbé ; à son côté, est un autel flamboyant. »

a valu l'épithète de Saxanus à Hercule ; quant au travail des métaux, il est placé sous la protection de Volcanus.

On comprend maintenant à quel titre Silvain se trouve invoqué pour les *ratiarii*, conducteurs de radeaux et de trains de bois flotté, comme nous l'apprenons par une inscription de Genève (1) :

DEO SILVA
NO PRO SALV
TE·RATIARIOR
*SU*PERIOR·A
MICOR·SVOR
HOSPIT·SANCT
MAR*S*IVS·CIVIS HEL
V·S L·M

Par une raison analogue, Esus, que j'assimile à Silvain et que je regarde comme le dieu des sombres forêts de la Gaule, me semble un protecteur désigné d'office pour les mariniers de la Seine, tandis que Vulcain est celui de leurs chantiers de construction.

De nombreux monuments, figurines en bronze ou bas-reliefs en pierre, découverts dans une foule de localités du midi de la France jusqu'au nord-est, prouvent que les Gaulois ont symbolisé les attributions du dieu forestier, non pas toujours en lui mettant dans les mains une serpe et une branche d'arbre coupée, mais en recourant à d'autres attributs que l'on s'est borné jusqu'à présent à signaler à cause de leur singularité, sans être parvenu à les expliquer, à savoir : le maillet, *malleus*, et le *poculum*, gobelet de forme profonde. On les voit tous deux sur les joues de l'autel de Vénasque (2):

SILVA
NO
maillet. VALERI *gobelet.*
VS//////
S///////

Sur l'autel de Massillargues (Gard), aujourd'hui dans l'abbaye

(1) Allmer, *Inscr. Ant. de Vienne*, t. III, p. 258.
(2) Lettre inédite de M. Allmer, du 9 juin 1879.

de Saint-Gilles, près d'Arles (1), le maillet a un aspect multiple:

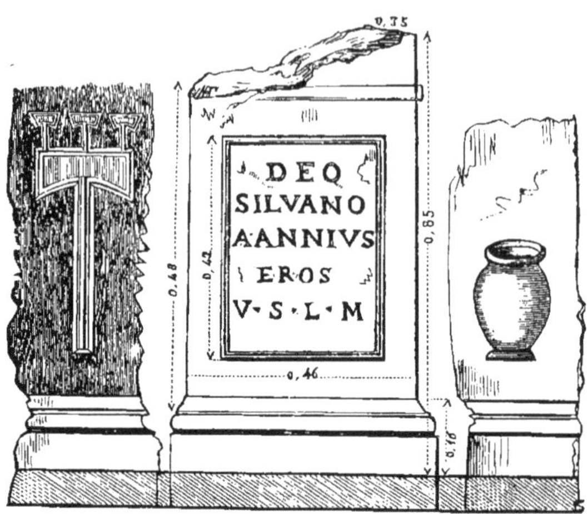

Sur d'autres autels trouvés à Arles (2), à La Coste (3), à Vaison (4), à Notre-Dame-des-Anges (5), l'artiste s'est contenté de sculpter un maillet sans-gobelet, à côté de l'inscription dédiée à Silvain. On connaît même de petits autels anépigraphes, simplement caractérisés par un ou deux maillets, avec ou sans gobelet (6); ces symboles suffisent pour les faire rapporter au même culte, tout comme les petits autels pyrénéens du musée de Toulouse, sur lesquels on ne voit qu'un arbre (7).

Je cite encore trois autels anépigraphes des musées de Nîmes (8) et d'Autun (9); on y voit un personnage vêtu d'un *sagum*, tenant

(1) J.-F.-A. Perrot qui, le premier, a publié cette inscription dans son *Histoire des Antiquités de la ville de Nîmes et de ses environs*, 11e édit. (1856), p. 205, n° 64, l'indique comme se trouvant alors chez M. Delmas, à Marsillargues. M. Heuzey l'a cependant copiée en 1875 dans l'abbaye de Saint-Gilles. Voir le *fac-simile* dans le *Bulletin de la Société des antiquaires de France*, 1875, p. 153, auquel nous l'empruntons.

(2) Musée d'Arles.

(3) Allmer, *Bulletin de la Société archéologique de la Drôme*, 1874, p. 361.

(4) *Ibid.*, 1876, p. 212.

(5) De Laurière, *Bulletin monumental*, XLIV (1878), p. 477.

(6) Pelet, *Catalogue du musée de Nîmes*, édition 1863, p. 189, 194, 197; moulages au musée de Saint-Germain, nos 14841, 14842, 14843.

(7) Moulages au musée de Saint-Germain, nos 18723, 18724, 18725, 18776.

(8) Pelet, *Catalogue*, p. 129; moulage à Saint-Germain, n° 14844.

(9) Moulages à Saint-Germain, nos 2869, 17623.

dans la main gauche un maillet, dans la droite un gobelet; celui de Nîmes a, en outre, à ses pieds un chien, le compagnon habituel de Silvain; enfin, un autel du musée de Lyon montre le même personnage près d'un gobelet posé à ses pieds; il s'appuie de la main gauche sur un maillet à long manche, et tient dans la main droite levée une serpe recourbée (1), attribut qui reparaît ici comme pour servir de trait-d'union entre le type du dieu au maillet et celui d'Esus avec sa hachette. Or, si la figure sculptée sur ces quatre autels nous donne, à n'en pas douter, un portrait du Silvain gaulois, on ne saurait se refuser à reconnaître le même dieu dans les remarquables figurines en bronze de Prémeaulx et de Vienne (2) semblablement pourvues du maillet et du gobelet, sans compter plus d'une vingtaine d'exemplaires plus ou moins complets dans les musées du Louvre, de Saint-Germain, de Lyon, d'Avignon, etc. Il est utile de rappeler que l'une de ces figurines fut découverte à Metz, et que le même personnage est gravé en creux sur le chaton d'une bague (3) trouvée à Vendeuil-Caply (Oise). Cela prouve que le type du Silvain au maillet ne doit pas être localisé exclusivement dans le midi de la Gaule. Je n'éprouve donc aucune difficulté à reconnaître le même dieu, et non pas une copie du *Charun* étrusque, dans le bas-relief d'Ober-Seebach (4) près Strasbourg, représentant un personnage appuyé de la main droite sur un maillet à long manche et tenant un *poculum* cylindrique dans la main gauche, à hauteur de ceinture; à sa gauche et à ses pieds, un chien, compagnon habituel de Silvain; à sa droite, une femme en robe talaire, la main droite sur une corne d'abondance posée debout à terre. Cette parhèdre doit être une *Aerecura*. L'association de ces divinités se justifierait au besoin par la dédicace d'une inscription de Carlsburg (Orelli-Henzen, 5720), ainsi conçue: SILVANO DOM | TERRAE MATRI | HERCVLI | SACRVM.

A ce propos, j'insisterai sur une particularité importante dont la méconnaissance risquerait d'introduire une cause de confusion

(1) Comarmond a pris cet objet pour une palme (*Description des antiquités et objets d'art du musée de Lyon*, p. 138, n° 4).

(2) De Barthélemy, dans le *Musée archéologique*, II (1877), p. 5, avec *fac-simile*.

(3) *Idem*, dans la *Revue celtique*, I (1870), p. 3. Cfr. Grivaud de la Vincelle, *Rec. de Mon. Ant.* pl. XVII, n° 3.

(4) De Barthélemy, dans la *Revue archéologique*, XXXVII (1879), pl. XII.

dans l'étude de cette partie de la mythologie gauloise. A l'exception des bas-reliefs d'Ober-Seebach et de Séguret (1), on remarquera que toutes les représentations du Silvain au *maillet*, figurines ou bas-reliefs, montrent cet instrument tenu dans la *main gauche* du dieu ; il est donc impossible de lui donner la signification du marteau-foudre scandinave, ni d'aucune autre arme offensive, car, dans cette hypothèse, il eût été nécessairement placé dans la main *droite;* c'est toujours de la main droite que Jupiter, même au repos, tient son foudre, que Mars brandit sa lance. D'ailleurs, notre personnage, d'apparence fort débonnaire, présente de la main droite son gobelet, en imitant la sereine attitude des divinités bienveillantes qui tiennent semblablement un sceptre dans la main gauche et une patère dans la droite. Mais alors, quelle est la signification du maillet? Puisque Silvain est le dieu du bois, l'outil le plus élémentaire en bois, c'est-à-dire le maillet, devient naturellement son attribut le plus expressif; pour rendre la symbolisation plus claire et plus frappante encore, l'artiste a donné parfois à cet outil un aspect *arborescent*, en faisant sortir du massif de sa tête une foule d'autres maillets plus petits, comme des branches issues d'un tronc. C'est ainsi, je crois, qu'il faut comprendre le *maillet multiple* inexpliqué jusqu'à présent, tel qu'il est exhibé par l'autel de Massillargues et la figurine de Vienne. Dans cette dernière composition, indépendamment du maillet auquel manque la masse et que le personnage tient de la main gauche, on en voit un autre *planté* derrière lui et se *ramifiant* comme un *arbre* qui ombrage sa tête ; au lieu de nébride, le dieu porte une peau de loup dont les pattes antérieures sont nouées sur sa poitrine et dont le masque lui sert de coiffure : peau de faon, ou peau de loup, le vêtement convient également à Silvain. Quant au vase de forme profonde qu'il présente de la main droite, je le reconnais pour le gobelet rustique *en bois*, le *scyphus faginus* chanté par le poëte :

Faginus adstabat quum scyphus ante dapes.

(TIBULLE, I, x, 8).

(1) En voici la description sommaire : personnage barbu, vêtu d'un sagum et d'un manteau, debout dans une niche cintrée ; la main *droite* tient un gros maillet, la gauche une syrinx ; les pieds sont chaussés de bottines. On sait que la syrinx et les bottines caractérisent Silvain. Cfr. Allmer, *Bulletin de la Société archéologique de la Drôme*, 1876, p. 212. L'autel publié par Caylus, *Rec. d'ant.*, VII, pl. LXXIII, n° 4, n'est autre que celui de Lyon décrit par Comarmond, p. 138, n° 1 ; seulement la gravure a été inversée par inadvertance.

On pourrait aussi le prendre pour la jatte en bois, *alveolus ligneus* de Columelle, ou encore pour la jatte à traire le lait, *sinum lactis* (1), puisque Silvain est le protecteur des troupeaux.

Par là nous voyons que, d'une part, les fonctions actives de Silvain sont symbolisées par le chien de garde, par la serpe ou la hache du bûcheron et par la peau de bête sauvage, et que, d'autre part, son essence même est signifiée par le bois, soit sous sa forme naturelle, c'est-à-dire par l'arbre qui l'ombrage ou la branche qu'il porte, soit sous la forme ouvrée du *pedum*, du *malleus*, de la *syrinx*, du *scyphus faginus*, tous objets de matière ligneuse.

L'idée que les Gaulois se formaient de leur Silvain, le dieu Esus, nous est maintenant connue; elle va nous révéler le genre de culte qu'ils lui rendaient. César (2) et Strabon (3) nous renseignent sur les holocaustes de victimes humaines entassées pêle-mêle avec des *bestiaux* et des *animaux sauvages* dans d'énormes mannequins d'*osier* tressés, bourrés de *foin* et de *bûches de bois*. Dans ces monstrueuses idoles construites avec les matériaux qui symbolisent Silvain, on n'hésitera pas à reconnaître l'image du dieu dépeint par Lucain..... *horrensque feris altaribus Esus*. Ne semble-t-il pas que l'épithète *feris* fasse allusion aux animaux capturés dans la forêt? et le choix des pièces de bétail, βοσκήματα, n'indique-t-il pas que le sacrifice est offert au dieu qui protège les troupeaux?

D'un passage de Diodore de Sicile (4) on peut, sans forcer le texte, inférer que le sacrifice avait lieu tous les cinq ans, et qu'à cette occasion, on immolait les malfaiteurs condamnés et retenus en prison pendant la période écoulée. Strabon dit que, de son temps, les Romains avaient réussi à abolir ces coutumes. Comme le géographe était contemporain de Tibère, nous sommes assurés que l'autel d'Esus n'a servi à aucun sacrifice humain : nous verrons plus loin de quelle manière les Nautes parisiens avaient dès-lors transformé les pratiques du culte.

(1) Virgile, *Ecl.*, VII, 33.

(2) César, *Bell. Gall.* VI. 16 : *alii immani magnitudine simulacra habent, quorum contexta viminibus vivis membra hominibus complent, quibus succensis, circumventi flamma exanimantur homines; supplicia eorum qui in furto, aut in latrocinio, ant aliqua noxa sint comprehensi, gratiora diis immortalibus esse arbitrantur; sed quum ejus generis copia defecit, etiam ad innocentium supplicia descendunt.*

(3) Strabon, IV, 5 : καὶ κατασκευάσαντες κολοσσὸν χόρτου καὶ ξύλων, ἐμβαλόντες εἰς τοῦτον βοσκήματα καὶ θηρία παντοῖα καὶ ἀνθρώπους ὡλοκαύτουν.

(4) Diodore, V, 32 : τοὺς γὰρ κακούργους κατὰ πενταετηρίδα φυλάξαντες ἀνασκολαπίζουσι τοῖς θεοῖς καὶ μετ' ἄλλων πολλῶν ἀπαρχῶν καθαγίζουσι, πυρὰς παμμεγέθεις κατασκευάσοντες.

Des inscriptions de la Grande-Bretagne nous font connaître un Silvanus Cocidius et un Mars Cocidius; l'épithète portée en commun par ces divinités prouve que les Gaulois leur reconnaissaient quelque attribution commune. Il est curieux de constater qu'un cumul analogue s'était opéré dans le culte romain par la création d'un Mars Silvanus, que les campagnards du Latium invoquaient pour la prospérité de leurs troupeaux.

Le nom *Esus* est de la quatrième déclinaison, comme le latin *manus*; en effet, si on le compare sous le rapport de la terminaison à *Cernunnos*, on reconnait que celui-ci renferme un thème en *o* de la deuxième déclinaison, *Cernunno-s*, et celui-là un thème en *u*, *Esu-s*. C'est, du reste, ce que démontre la formation des mots *Esu-nertus*, *Esu-vius*. M. d'Arbois de Jubainville (1) pense que *Esus* signifie « celui dont on désire obtenir la faveur par des prières ou par des sacrifices ». A ce compte, tous les dieux pourraient être appelés de même. Une étymologie plus spécifique plairait davantage.

Etudions maintenant la face postérieure de l'autel. Le bandeau supérieur de l'encadrement est occupé dans toute sa longueur par une inscription bien conservée, en lettres hautes de cinq centimètres:

TARVOS·TRI·GARANVS·

Il y a deux larges signes de ponctuation triangulaires, l'un après le mot *tarvos*, l'autre à la fin de la ligne; un troisième, de plus petites dimensions et moins profond, est nettement gravé vers le haut de l'alignement, entre les lettres I et G, où il occupe exactement la même place que celui de l'inscription des Nautes entre I et O, à la deuxième ligne. Il est visible que, de part et d'autre, ces deux points ont été ajoutés après coup par le lapicide, comme pour réparer une omission, et qu'il a fallu les remonter près de la tête du I, à cause du renflement de la lettre ronde voisine, O ou G.

Le tableau qui remplit le panneau au-dessous de l'inscription représente un taureau marchant à droite, paré d'une sorte de housse étroite et traînante, en forme d'étole : c'est l'ornement appelé *dorsuale* que portait la victime menée au sacrifice (2). Trois

(1) *Revue archéologique*, XXI (1870), p. 408.

(2) C'est ainsi que sont parés les bœufs de sacrifice sur les bas reliefs de la colonne Trajane, des arcs de Septime-Sévère et de Constantin (Bellori, *Veteres Arcus*, pl. 6, 7, 20, 22; Montfaucon, *Antiq. Expl.*, t. II, pl. LXX, LXXII, LXXX). Cfr. Trebellius Pollion, *Gallien*, 8 : *albi boves cornibus auro jugatis et dorsualibus sericis discoloribus præfulgentes*.

oiseaux de l'ordre des échassiers, grues, hérons ou cigognes, réduits à une hauteur infime (0m 18), par rapport à celle du taureau (0m 80), sont posés, l'un sur le front de cet animal, un autre sur le garrot, le dernier sur la croupe. Evidemment l'artiste ne leur a donné ce support insolite et ne les a réduits à des proportions exiguës contre toute mesure, que faute de place sur la ligne de terre entièrement occupée par le taureau. Des saules garnissent le fond du tableau et indiquent que la scène se passe au milieu des saussaies de l'île de la Cité.

Aucun des auteurs qui ont essayé d'interpréter cette composition n'a tenu compte de la signification si claire du *dorsuale*. Ce détail a cependant la plus grande importance, car il prouve péremptoirement qu'ici le taureau n'est pas, comme on l'a prétendu, un animal mythologique, symbolisant une légende nationale ou honoré d'un culte particulier, mais qu'il remplit simplement le rôle d'une victime. Dès lors, il faut admettre qu'il en est de même des oiseaux qui l'accompagnent, et si un autre exemple de ce genre curieux d'offrande était nécessaire pour confirmer mon explication, il me suffirait de citer les trois grues ou autres échassiers sculptés sur un autel conservé au musée de Chesters (Angleterre), et consacré à *Jupiter Optimus, Maximus, aux autres dieux et au Génie du Prétoire* par un préfet de cohorte auxiliaire, Q. Petronius Urbicus. Il n'échappera à personne qu'en ce qui concerne les particularités ornithologiques, la plus frappante analogie existe entre l'autel de Chesters et celui de Paris consacré, comme le précédent, à plusieurs dieux, parmi lesquels Jupiter tient le premier rang, puisque son image occupe la façade principale; sur l'un, comme sur l'autre autel, les trois échassiers figurent à titre d'offrande. Notre bas-relief commémore donc une cérémonie sacrée, à l'instar des sacrifices représentés en sculpture sur une foule d'autres autels (1).

En conséquence, je regarde l'inscription TARVOS·TRI·GARANVS comme l'indication énumérative des animaux de sacrifice figurés au dessous, et je la traduis ainsi : « un taureau, trois grues. » Cette sorte d'indication n'est pas rare en épigraphie; dans une inscription de Rome (2) il est question d'une génisse blanche, *junix alba*, offerte à la Bona Dea; ailleurs (3) il s'agit

(1) *Corp. inscr. lat.*, III, 5935; VI, 402; VII, 1088, etc., etc.
(2) *Ibid.*, VI, 68.
(3) Orelli, 686.

d'un veau, *vitulus*. Dans les Actes des Frères Arvales, reviennent souvent les prescriptions rituelles, *Iunoni Reginae, vaccas duas, — deae Diae, porcillas duas, — divis numero XVI verbeces immolavit numero XVI*.

On peut supposer que l'offrande des trois oiseaux aquatiques, capturés sans doute dans les îles de la Seine, fait quelque allusion à la profession marinière des dédicants, et que leur nombre correspond peut-être intentionnellement à celui des divinités honorées, Jupiter, Esus, Vulcain. On sait d'ailleurs que la cigogne était l'emblème de la piété; sur des monnaies de Marc-Antoine, au revers de PIETAS COS, on voit un et quelquefois deux de ces oiseaux.

Il est admis que le mot gaulois *tarvos*, qui s'est perpétué jusqu'à nos jours dans le bas-breton *tarv*, le gallois *tarw*, le cornique *tarow*, l'irlandais *tarbh*, correspond à l'ombrieu *turuf*, au latin *taurus*, au grec ταῦρος.

Quant au nom de nombre *tri* que l'on connaissait seulement par quelques mots composés, comme τριμαρκισία, *Tricorium*, il nous apparaît pour la première fois sous la forme absolue et dégagée de toute construction, par le fait de la ponctuation que personne n'avait encore relevée et qui dicte notre lecture. Le nombre trois se disait donc en gaulois *tri*, sans *s* désinentiel de pluriel, comme dans l'irlandais *tri*, au masculin et au neutre, dans le gallois *tri*, dans le cornique et le bas-breton *try*.

Comparé à *cernunno-s*, qui renferme un thème de la deuxième déclinaison en *o*, *garanu s* apparaît formé sur un thème en *u* de la quatrième déclinaison ; par conséquent *garanu-s* pour *garanu-(e)s* au nominatif pluriel, comme le latin *manu-s* pour *manu-(e)s*. Ce mot, conservé sous la forme *garan* en gallois, en cornique et en bas-breton, se compare au lithuanien *garny-s*, à l'ancien allemand *chranu-h*, également formés sur un thème en *u*, tandis que le grec γέρανο-ς avec thème en *o*, correspond au sanscrit *garana* ; de ceux-ci nous déduisons la quantité syllabique du mot gaulois, que nous noterons ainsi, *gărănŭs* au singulier, *gărănūs* au pluriel, avec des *a* brefs.

III

Autel des QUATRE DIEUX (nº 3 du Catalogue).

De cet autel on ne possède que le bloc formant la moitié de dessus ; au milieu du bandeau supérieur de la face orientale est gravée une inscription partiellement endommagée ; hauteur des lettres, 0.05 centimètres :

//// E R N V N N O ////

On lisait autrefois CERNVNNOS ; aujourd'hui le C n'existe plus ; le premier N a perdu son deuxième jambage ; le V n'a conservé que le sommet de l'angle et à peu près tout le bras droit; les deux N consécutifs ont souffert dans leur partie supérieure ; l'S final a disparu; les lettres R et O sont complètes. Le bas-relief correspondant représente le buste (tête et épaules) d'un personnage vu de face, barbu et drapé ; son front est orné de deux cornes de cerf, à chacune desquelles est suspendu un *torques*. Les proportions considérables de cette figure, eu égard à celles des personnages sculptés sur les autres côtés, doivent la faire considérer comme étant le sujet principal ; le panneau qu'elle occupe formerait ainsi le devant de l'autel. Si maintenant on essaie de la rétablir dans son entier par la pensée, on reconnaît qu'il serait impossible de la faire tenir en pied et debout, ou même assise sur un siége, à l'intérieur d'un encadrement ayant une hauteur totale de 0,^{m}80 déduite de la stature des autres personnages. De toute nécessité, on est amené à conclure qu'elle était accroupie, dans la posture d'une personne assise à terre et croisant les jambes. Cette remarque qui est faite, je crois, pour la première fois, entraîne comme conséquence l'identification de ce portrait du dieu Cernunnos avec les images sculptées en haut-relief d'un dieu accroupi et cornu qui ont été découvertes à Reims, à Saintes, et à Vendœuvres-en-Brenne. Cette dernière (1), actuellement transportée au musée de Châteauroux, tient entre les genoux une espèce de sac, ou *follis;* elle est accostée de deux petits Génies, dont chacun pose les pieds sur un serpent enroulé et s'appuie, d'une main, à l'une des cornes du dieu, tandis que la main libre de l'un tient un *torques*, celle de l'autre une bourse. La face latérale droite du bloc montre un Apollon Citharède, assis de côté, dans une attitude qui rappelle celle de la statue colossale du même dieu découverte à Entrain (2).

Le dieu cornu de Reims (3), accroupi sur un siége entre Apollon

(1) Je la décris d'après une excellente photographie que je dois à l'obligeance de M. Leballe, conservateur du Musée de Châteauroux. M. Al. Bertrand, qui, de son côté, s'en est procuré une autre épreuve, annonce l'intention de la publier prochainement dans la *Revue Archéologique*.

(2) De Villefosse, *les Antiquités d'Entrain*, avec planche.

(3) Voir le *fac-simile* dans le *Magasin pittoresque*, 1847, p. 164, Lambert, *Essai sur la Numismatique gauloise*, 2ᵉ partie, 1864, frontispice; Ch. Lenormant, *Élite des monuments céramographiques*, II, p. 326 ; *Revue Archéologique*, 1852, p. 561 ; *ibid.* XL, 1880, pl. XI.

et Mercure debout, soutient de l'avant-bras gauche sur sa cuisse un sac ouvert duquel s'échappent à profusion des pièces de monnaie qu'il retire avec la main droite; devant lui, un bœuf et un cerf ; dans le tympan du fronton, un rat; M. le baron de Witte pense que cet animal, dont la demeure est souterraine, est consacré à Pluton (1) (*Revue Archéologique* XXXIX, p. 339, note 6).

Le bloc statuaire de Saintes présente la particularité curieuse et extrêmement rare de deux sculptures adossées; dans chacune de ces compositions on voit, en compagnie d'autres personnages, un dieu accroupi, tenant de la main droite un *torques*, de la main gauche une bourse ou un sac appuyé sur sa cuisse ; il est à présumer que la tête était cornue ; malheureusement, l'état défectueux de la pierre ne permet plus de reconnaître ce détail. Sur le bas-relief principal, le dieu a pour parédre une divinité féminine assise sur un siége, et portant dans le pli du bras gauche une corne d'abondance ; près d'elle, une petite divinité féminine debout ; sur le bas-relief postérieur, le dieu accroupi est posé sur une base ornée de deux bucrânes; à sa gauche, un dieu nu, debout, s'appuyant sur une massue, et posé sur base ornée d'un bucrâne; à sa droite une divinité féminine debout, en robe talaire, posée sur une base sans ornement.

Voilà donc quatre exemples d'un dieu accroupi et cornu (le monument de Saintes le montre en double) qui offrent avec notre Cernunnos des analogies tellement frappantes que nous sommes autorisés à les utiliser pour reconstituer la partie inférieure du bas-relief parisien ; nous le comptons donc comme un cinquième spécimen du même type, et nous n'hésitons pas à lui restituer le *follis* tenu sur les cuisses reployées du dieu. Mais ce dieu, quel rôle joue-t-il, quelles attributions lui assigner ? Une inscription tracée sur une tablette enduite de cire et conservée à Pest (2) nous fait connaitre un collège funéraire qui tenait ses réunions dans le temple d'un Jupiter surnommé *Cernenus* ; comme il est naturel de supposer que le dieu participe au caractère funéraire du collège qui s'est placé sous sa protection, je suis amené à reconnaître dans cette divinité un Jupiter infernal et tellurique qui correspond au Jupiter Stygius des Romains, et dont l'épithète *Cernenus* ne paraît être qu'une variante du mot

(1) Voir le *fac simile* dans la *Rev. Arch.* XXXIX, 1880, pl. IX et X.
(2) Orelli-Henzen, nº 6087 ; Wilmanns, *Exempl.* nº 321; *C.I.L.* t. III, p. 926.

Cernunnos, signifiant, comme ce dernier, " Cornu". La signification symbolique du rat sculpté au-dessus du dieu cornu de Reims confirme singulièrement cette attribution déduite du texte de la tablette épigraphique de Pest.

Mais le dieu qui règne sur les morts ensevelis est en même temps le gardien des métaux précieux et des trésors enfouis; d'une manière plus générale, il est le protecteur de tout ce qui est caché en terre; c'est *Dis Pater*, dont le nom, par contraction de *dives Pater*, signifie littéralement le « Père des richesses »; chez les Grecs, la même conception mythologique a donné naissance au nom de Πλούτων. De là, sans doute, certaines attributions communes à *Dis Pater* et à une autre divinité tellurique, Saturne, qui préside spécialement aux semailles, c'est-à-dire à *l'enfouissement* des semences, comme son nom l'indique, *a satu*. A Rome, *Dis Pater* (1) avait une chapelle près de l'autel de Saturne, sous le temple duquel était déposé dans une cave souterraine l'*aerarium Saturni*; c'est donc en sa qualité de dieu chthonien que Saturne avait été choisi pour la garde du trésor public. De là encore l'usage d'enterrer avec les morts des pièces de monnaie comme un suprême hommage à Pluton, regardé comme gardien des richesses souterraines, et, subséquemment, la fiction poétique de l'obole destinée au nautonnier infernal. Réciproquement, le dieu des morts veille sur les trésors qu'on lui confie; c'est ce que prouve une inscription (2) gravée sur une tablette de bronze enfermée avec un nombre considérable de pièces d'argent dans un vase de terre exhumé à Fermo, SACRA·IOVI·STIGIO (*sic*).

Or, César nous apprend que tous les peuples gaulois se prétendaient issus de ce dieu : *Galli se omnes a Dite Patre prognatos praedicant* (3). *Dis Pater* me paraît donc identique au funèbre *Jupiter Cernenus* et, par conséquent, a *Cernunnos* lui-même.

Les symboles qui accompagnent le dieu cornu justifient d'ailleurs pleinement cette assimilation, à commencer par le *follis*, emblême des richesses monnayées. Quant au *torques*, nous savons par Diodore de Sicile (4) que c'était chez les Gaulois le

(1) Preller, *les Dieux de l'ancienne Rome*, trad. Dietz, p. 285.

(2) Gruter, p. 52, nº 11. Orelli-Henzen, nº 1265, et *Index*, p. 32. M. Henzen admet l'authenticité de cette inscription; M. Mommsen la révoque en doute, (*C. I. L.* t. 1, nº 181).

(3) *Bell. Gall.*, VI, 18.

(4) Diodore, V, 27 : τούτῳ δὲ τῷ τρόπῳ σωρεύοντες χρυσοῦ πλῆθος καταχρῶνται πρὸς κόσμον ὀυ μόνον ἀι γυναῖκες ἀλλὰ κάι ὁι ἄνδρες. Περὶ μεν γὰρ τοὺς καρποὺς καὶ τοὺς βραχίονας ψέλια φοροῦσι περὶ δὲ τοὺς αὐχένας κρίκοὺς παχεῖς ὁλοχρύσους καὶ δακτυλίους ἀξιολόγους, ἔτι δὲ χρυσοῦς θώρακας.

signe le plus expressif du luxe ; non seulement ils le portaient comme ornement, mais ils le consacraient en *ex-voto* à leurs divinités, d'après le rapport de Florus (1) : *Mox Ariovisto duce vovere de nostrorum militum praeda Marti suo torquem.* Mais on aurait tort de croire que l'usage du *torques* appartînt exclusivement aux Gaulois ; les Romains le suspendaient comme un ornement au cou de leurs aigles légionnaires (2) ; leurs soldats et leurs officiers le recevaient à titre de récompense honorifique et le portaient fixé sur la poitrine comme nos décorations modernes. Cela est attesté, non-seulement par Pline (3) et par Vègèce (4), mais par de nombreuses inscriptions (5). Les textes épigraphiques nous renseignent également sur la destination votive du *torques*, témoin une inscription de Pouzzoles (6), dédiée à *Jupiter Héliopolitanus* ; témoin encore une inscription de Riez que Herzog croyait perdue (7) mais qui est heureusement conservée au musée d'Aix (Bouches-du-Rhône) (8). Comme elle a toujours été inexactement publiée, je crois utile de l'éditer à nouveau d'après un estampage que je dois à l'obligeance de M. Gibert ; comme indice chronologique, je signale les P à boucle ouverte, particularité qui appartient au premier siècle de notre ère :

DEO · AESCVLAPIO
VAL · SYMPHORVS ET PROTIS
(V et M liés) SIGNVM SOMNI · AEREVM
TOR*Quem a*VREVM EX DRACVN *(V inscrit dans C)*
CVLIS *Duobus* P · II · ENCHIRIDIVM *(V et M liés)*
ARGENT*i p*. ANABOLIVM OB IN
SIGNEM CIRCA SE NVMINIS · EIVS
EFFECTVM VSLM *(feuille de lierre)*

C'est sûrement avec la même destination votive qu'apparaissent les deux *torques* suspendus aux cornes de Cernunnos. Ces

(1) *Epitome*, XX.

(2) Voir les deniers légionnaires de Marc-Antoine (Cohen, *monn. de la rép.* Atlas, pl. V), et ceux de Septime-Sévère. (Cohen, *Monn. Imp. S. Sev.* 163, 169, 171).

(3) *His. Nat.* XXXIII, 10.

(4) *Milit.* II, 7.

(5) Orelli-Henzen. 516, 6702, 6856; Wilmanns, 1274, 1436, 1483, 1568, 1585. 1587, 1589, 1598, 1616, 1617, 1624.

(6) Mommsen, *Inscr. Reg. Neap* 2475.

(7) *Gall. Narb. appendix epigr.* 395.

(8) H. Gibert, *Catalogue du musée d'Aix*, 1862, n° 367.

cornes elles-mêmes complètent la symbolisation de l'idée de richesse exprimée par les *torques* et par le *follis;* en effet, du moment que la corne amalthéenne était devenue partout l'emblème de l'abondance et des richesses, sous forme de *cornu copiae* simple ou double, et du moment que les Gaulois avaient coutume de s'en faire un ornement de coiffure (1), on ne doit pas s'étonner qu'ils en aient paré la tête de leur Pluton, dans son rôle de *père des richesses.* L'usage de dorer les cornes des victimes se rattache au même ordre d'idées.

Quant à la posture si remarquable du dieu accroupi, j'ai rapproché, il y a déjà plusieurs années, (2) les exemples fournis par le bas-relief de Reims, par la figurine en bronze d'Autun (3) conservée au musée de St-Germain sous le n° 14558 et par certaines monnaies gauloises en potin sur lesquelles on voit un personnage de face, accroupi, tenant dans la main droite un *torques* (4). Cette posture s'explique par une habitude de nos ancêtres qui paraît avoir frappé les étrangers voyageant en Gaule, puisque Strabon (5) et Diodore de Sicile (6) l'ont soigneusement relatée; ces auteurs nous apprennent, en effet, que les Gaulois ne se servaient pas de siéges proprement dits, mais qu'ils s'asseyaient à terre sur des bottes de paille, ou sur des peaux de bêtes, conséquemment, en croisant les jambes, comme nous le voyons faire aux Arabes assis sur leurs nattes, leurs tapis, et même à nos ouvriers tailleurs installés sur leur établi. Un renseignement aussi formel suffit pour nous interdire d'attribuer à une influence orientale les exemples de ce type d'attitude qui se rencontrent sur des monuments de la Gaule; il convient donc de lui donner dorénavant la désignation de *posture gauloise* plutôt que celle de

(1) Diodore, V, 30: κράνη δὲ χαλκᾶ περιτίθενται μεγάλας ἐξοχὰς ἐξ ἑαυτῶν ἔχοντα καὶ παμμεγέθη φαντασίαν ἐπιφέροντα τοῖς μὲν γὰρ πρόσκειται συμφυῆ κέρατα, τοῖς δὲ ὀρνέων ἢ τετραπόδων ζῴων ἐκτετυπωμέναι προτομαί.

(2) *Bulletin monumental*, 1876, p. 356.

(3) *Revue Archéologique*, XL, 1880, pl. XII, et XXXIX, 1880, p. 341.

(4) Jeuffrain, *Essai d'interpr.* de *quelq. monn. muettes*, pl. III, n° 81; *Revue Numism.* 1840, pl. XVIII, n° 10; Lelewel, *Types Gaulois*, pl. IX, n° 17; *Dictionnaire Archéol. de la Gaule*, n° 232 ; *Rev. Arch.* XXXIX, p. 344, vignette; la plupart de ces gravures représentent inexactement le *torques* comme un cercle fermé; sur des exemplaires que je possède, on distingue nettement les extrémités des branches du *torques* laissant une ouverture entr'elles.

(5) Strabon, IV, 3: χαμευνοῦσι δὲ καί μέχρι νῦν οἱ πολλοί καὶ καθεζόμενοι δειπνοῦσιν ἐν στιβάσι.

(6) Diodore, V, 28: δειπνοῦσι δὲ καθήμενοι πάντες οὐκ ἐπὶ θρόνων, ἀλλ' ἐπὶ τῆς γῆς, ὑποστρώμασι χρώμενοι λύκων ἢ κυνῶν δέρμασι.

posture indienne ou *boudhique* (1) qui est sujette à faire préjuger dans un sens erroné la question d'origine.

Il est visible que les Gaulois ont tenu à représenter dans l'attitude qui leur était familière et qui les distinguait des peuples voisins quelques-uns de leurs dieux nationaux et surtout celui qu'ils regardaient comme le père de leur race. C'est aussi pour montrer sa primauté que l'artiste a donné à l'image de Cernunnos des proportions exagérées par rapport à celles des autres divinités figurées sur les bas-reliefs parisiens.

Sur la face Nord de l'autel se montre un personnage barbu, tourné à droite, le haut du corps nu, assénant un coup de massue contre un serpent qui se dresse devant lui; ce sujet est traité d'une façon identique à celle d'une figurine conservée dans la salle des bronzes antiques du Louvre sans numéro (2). C'est le combat d'Hercule contre l'Hydre, que l'on retrouve également sur les bas-reliefs des autels gallo-romains de Bapteresse (3) et de Buxerolles (4).

Le bandeau supérieur porte une inscription dont on ne voit plus que les cinq premières lettres ; hauteur, 0 m. 05 :

SMERI ///////

Le haut des lettres est tellement endommagé que le résidu du M a toujours été pris à tort, pour un groupe de trois lettres, IVI, d'où est résulté le déchiffrement erroné SIVIER, au lieu de SMERI, ou peut-être SMERT, que je n'hésite pas à signaler et que l'on obtient en rendant à ce prétendu groupe IVI sa hauteur intégrale d'après le module du E et du R ; la restitution du M devient certaine dans ces conditions. Quant à la cinquième lettre, c'est le jambage d'un I ou d'un T privé de sa traverse. Au delà, règne une lacune plus considérable aujourd'hui que du temps de Baudelot et de Mautour, puisque ces auteurs déclarent y avoir vu deux lettres finales, O S, qui n'existent plus. En les admettant, et en supposant aussi que, par symétrie, la première

(1) En Orient, les plus anciens exemples figurés de cette attitude sont du Ier siècle avant l'ère chrétienne; on les voit sur des monnaies des rois bactriens Mauès ou Mayès, Azès, Kanerkès et Oorkès, desquelles il est impossible de faire dériver les monnaies gauloises en question. Voir ce que j'en ai dit dans le *Bull. de la Soc. des Ant. de Fr.*, 1880.

(2) L'acquisition de cet objet est postérieure à la *Notice des Bronzes antiques*, publiée en 1868, par M. de Longpérier.

(3) *Bulletin de la Société des Antiquaires de l'Ouest*, séance du 25 Août 1835.

(4) *Bulletin monumental*, XXIX (1863), p. 163.

et la dernière lettre de l'inscription étaient respectivement à la même distance, l'une du coin gauche, l'autre du coin droit du bandeau, l'épigraphe aurait comporté en tout dix ou douze lettres et formé un mot SMERT//////OS renfermant l'élément *Smer* que l'on reconnait dans les noms propres *Smertullus,* (1) *Smertulitanus* (2), Ζμερτομάρα (3), Σμερτόριξ (4), et CMEP (5), légende inscrite, sur une monnaie gauloise, entre les jambes d'un cheval galopant.

L'autel parisien nous apprend donc qu'il y avait une divinité gauloise assimilée à Hercule et portant un nom dans la composition duquel entrait cet élément, comme dans ceux des divinités *Atesmerius* et *Rosmerta.*

La face postérieure de l'autel porte, au milieu du bandeau et en lettres de o m. 5 centimètres de hauteur, l'inscription:

CASTOR

Cassure à la partie supérieure des lettres S et O.

Au-dessous on voit le dieu, à pied, tourné à gauche, cuirassé, tenant une lance dans la main gauche et la bride de son cheval dans la main droite. Ce type offre la plus frappante analogie avec le revers des monnaies de Géta et de Postume à la légende CASTOR(6). Le deuxième Dioscure est représenté identiquement de la même manière sur la quatrième face de l'autel, celle du Sud, avec cette seule différence qu'il tient sa lance plus inclinée que celle de son frère. Il est très probable que son nom, *Pollux*, était inscrit au-dessus de sa tête; mais les dégradations de la pierre n'ont laissé aucune trace d'inscription. On a trouvé en Gaule plusieurs monuments épigraphiques consacrés aux Dioscures, par exemple à Annecy, à Beaucaire, à Cologne, à Mandeure, à Metz, à Nîmes, à Vienne. Ces dieux avaient dans leurs attributions la protection des navigateurs, comme nous l'apprenons par Horace, et, peut-être, est-ce à ce titre que nous les voyons honorés par les *Nautes* parisiens. Ils présidaient aussi avec Hercule aux jeux de la palestre, et il est fort remarquable de retrouver l'association de

(1) *Bulletin de la Société des Antiquaires de France*, 1878, p. 246.

(2) Brambach, *Insc. Rhen.* 891.

(3) Spon, *Misc.* p. 350, nº 86.

(4) Cohen, *Descr. des monn. imp.* t. I, éd. 1880, p. 51.

(5) Hucher, *l'Art gaulois*, t. II, p. 120.

(6) Cohen, *Descr. des monn. imp.*, t. III, 1re éd. *Géta*, nº 44. De Witte, *Rech. sur les Emp. qui ont régné dans les Gaules*, pl. I, nº 14.

ces trois divinités sur les bas-reliefs de notre autel, comme dans les vers du poëte (1) :

Dicam et Alciden puerosque Ledae,
Hunc equis, illum superare pugnis
Nobilem ; quorum simul alba nautis
Stella refulsit,
Defluit saxis agitatus humor,
Concidunt venti, fugiuntque nubes
Et minax, quod sic di voluere, ponto
Unda recumbit.

Mais, d'autre part, les Dioscures avaient un caractère funéraire que M. le baron de Witte (2) a remis en lumière en rappelant que, sur une lampe sépulcrale, les divins Jumeaux apparaissent aux côtés de Pluton (3). Ce serait donc à raison de ces attributions diverses qu'ils se trouvent associés simultanément à l'Hercule *Smert...os* et au *Cernunnos* de Paris. Peut-être aussi ont-ils avec les deux Génies funèbres, entre lesquels se tient accroupi le *Cernunnos* de Vendœuvres, le même rapport qu'avec *Hypnos* et *Thanatos.*

Les monuments imposants qui montrent ce dieu honoré à Reims dans la province Belgique, à Paris dans la Lyonnaise, à Saintes et à Vendœuvres dans l'Aquitaine, c'est-à-dire dans une zône géographique qui embrasse la plus grande largeur des trois grandes divisions de la Gaule Chevelue, ces monuments, dis-je, nous mettent en présence d'un culte national au premier chef, puisqu'il s'agit du dieu réputé le père commun de tous les membres de la famille gauloise, *Galli se omnes a Dite Patre prognatos praedicant.* Le bas-relief de Reims, qui le montre *accroupi* entre Apollon et Mercure *debout* à ses côtés, tend à prouver qu'il avait la préséance même sur le dieu duquel César a dit, *deum maxime Mercurium colunt*; le mot *maxime* doit donc être pris ici avec l'acception relative de « très grandement » et non pas au sens absolu de « le plus » adopté par presque tous les commentateurs de ce passage.

Il n'y a aucune raison de distraire de la mythologie romaine, pour rattacher à celle des Gaulois, les monuments épigraphiques consacrés à *Dis Pater* sous ce vocable latin, non plus que ceux

(1) Horace, *Odes*, l. I. 12.
(2) *Bull. de la Soc. des Ant. de France*, 1879, p. 52.
(3) Bellori, *Lucern. Vet. Sep. iconicae*, pars II, tab. 8.

de sa compagne *Aericura*; il est surprenant que le nom de cette dernière ait été pris tantôt pour un mot grec, tantôt pour un mot gaulois,; il est de formation latine très correcte, comparable à *aerisonus* et à *viocurus*, pour chacun des éléments qui le composent. Le nom *Aericura*, c'est-à-dire *quae aera curat*, convient parfaitement à la « Gardienne des espèces métalliques » parèdre du « Père des richesses ».

Les inscriptions relatives à ces deux divinités sont disséminées un peu partout : on en connaît deux à Rome, quatre en Haute-Italie, deux en Pannonie, une en Grande-Bretagne, quatre dans les provinces Rhénanes, une en Narbonnaise et une en Afrique. Une seule d'entre elles est ornée d'un bas-relief; c'est celle de Sultzbach représentant deux personnages assis sur un *bisellium*; le dieu, vêtu du *sagum*, tient des deux mains sur ses genoux un rouleau développé ; à sa droite, la déesse en robe talaire tient sur ses genoux une corbeille de fruits ; les têtes manquent (1).

IV

Autel des HUIT-DIEUX (nº 4 du Catalogue).

Le dispositif de ce monument, dont on ne possède que la moitié supérieure, diffère de celui des deux précédents en ce que chaque panneau porte l'image, non pas d'une seule divinité, mais de deux personnages; par conséquent, en tout, huit dieux.

En outre, rien ne laisse deviner laquelle des quatre faces était considérée comme principale ; les huit personnages paraissent donc mis sur un même rang, inférieur à celui du groupe de Jupiter, d'Ésus et de Vulcain et du groupe de Cernunnos, des Dioscures et de l'Hercule gaulois. Il n'y a d'autre motif de commencer par la face tournée à l'Est que parce qu'elle est le mieux conservée. Le bas-relief se compose d'un Mars cuirassé, coiffé d'un casque à panache retombant et armé d'une lance dans la main droite ; à sa gauche une divinité féminine drapée dont le bras droit, orné d'une *armilla*, pend le long du corps, et dont le bras gauche plié retient un pan relevé de la tunique ; la main gauche tient contre la poitrine une sorte de fleuron à trois pétales; au-dessus de la tête on aperçoit le reste d'une inscription qui n'a été signalée par personne, quoiqu'on puisse y reconnaître facilement quatre lettres ; hauteur, 3 centimètres:

////ERVA////

(1) Brambach, *Baden unter roemischer Herrschaft*, planche.

Les trois premières lettres sont certaines, la quatrième fort douteuse; naturellement on songe à restituer le nom de Minerve. Il est vrai que la déesse ne porte pas l'accoutrement guerrier du type classique; cela tient sans doute à ce que les Gaulois la considérant, non comme une divinité guerrière, mais comme l'initiatrice des arts et des travaux, *Minervam operum atque artificiorum initia tradere* (1), le sculpteur l'a représentée ici conformément aux données de la mythologie indigène, ainsi qu'il l'a fait en ce qui concerne Ésus et Cernunnos. Quant au nom de Mars, il est présumable qu'il était gravé au-dessus de la tête du dieu; mais l'état de la pierre ne permet d'en retrouver aucune trace.

Le bas-relief de la face adjacente à gauche montre Mercure reconnaissable aux ailerons de la tête et au contour d'un caducée, bien que le bras gauche qui le soutenait soit détruit. A la droite de Mercure se tient une divinité féminine drapée, s'appuyant de la main gauche sur une hampe, le long de laquelle pend l'extrémité d'une draperie ; tout le côté droit de cette figure est enlevé; on est donc réduit aux conjectures sur son individualité ; c'est Junon, ou peut-être Vesta. Le bandeau, fort endommagé, ne laisse voir aucune trace d'inscription.

Le bas-relief contigu au précédent (face Ouest) se compose de deux divinités féminines drapées. Au-dessus de celle de droite on lit une inscription commençant par les lettres suivantes, hautes de 3 centimètres :

F O R//////

La restitution la plus probable est évidemment *For*[*tuna*]. La déesse tient de la main gauche contre son corps la partie inférieure d'un objet circulaire, difficile à déterminer; c'est peut-être une patère ou l'ouverture d'une corne d'abondance ; on connaît en effet des représentations de la *cornu copiae* tenue dans une position inclinée ou renversée, par exemple sur des monnaies de Probus et de Carus, au revers de l'ABVNDANTIA AVG. La compagne de cette Fortune(?), placée à sa droite, n'a d'autre attribut qu'un arc dont on aperçoit l'extrémité dépassant obliquement l'épaule gauche ; le bandeau est détruit à l'endroit qui portait sans doute une inscription correspondante. C'est, apparemment, Diane.

Le bas-relief de la quatrième face (au Nord) montre un personnage nu, levant de la main droite une draperie qui flotte en

(1) César, *Bell. gall.* VI, 17.

arrière et tenant dans la main gauche levée un objet de forme cylindrique, comme un petit gobelet. L'habitus de ce personnage convient assez bien à Apollon ; or, si l'on veut bien se rappeler que les Romains le regardaient comme un dieu médical, invoqué sous le nom de *Apollo salutaris et medicinalis* (1) et que les Gaulois partageaient cette croyance, *Apollinem morbos depellere* (2), on sera peut-être disposé à reconnaître ce dieu faisant le geste de montrer un breuvage médical. Au-dessus de sa tête, la surface du bandeau laisse apercevoir les restes d'un grand nombre de lettres dont le déchiffrement, extrêmement difficile, sollicite les efforts des épigraphistes avec d'autant plus d'urgence que l'existence de l'inscription ne paraît même pas encore avoir été soupçonnée. A la gauche du dieu, on voit une divinité nue et sans attributs, qui doit être du sexe féminin, à en juger par le chignon dont on aperçoit une boucle au-dessus de chaque épaule. L'inscription qui la désignait a disparu. Je présume que c'est Vénus.

Ici se termine, à proprement parler, notre étude des autels gallo-romains de Paris. Nous ne quitterons cependant pas ce sujet sans nous occuper de Taranis et de Teutatès, dont la détermination semble le corollaire obligé de celle du dieu Ésus avec lequel ils sont réunis dans les vers de Lucain.

Un grand nombre des manuscrits de la Pharsale sont surchargés de notules qui montrent que, dès le XIIIe ou le XIVe siècles les commentateurs ont regardé Ésus comme un Mars gaulois. Cette opinion préconçue sans fondement, acceptée sans critique et routinièrement répétée, s'est tellement enracinée, qu'elle a continué à avoir créance, même après l'exhumation du portrait sculpté de l'Ésus bûcheron qui proteste en vain depuis 170 ans contre le rôle guerrier que des archéologues voudraient encore aujourd'hui lui attribuer. Les mêmes commentateurs n'ont pas été plus heureux dans la détermination de Teutatès, dont ils ont prétendu faire un Mercure gaulois. Cette fois le démenti leur vient, non plus d'un monument figuré, comme celui d'Ésus, mais de trois textes épigraphiques donnant à Mars les épithètes *Toutates, Tioutates, Tutates*, qui ne sont évidemment que des variantes de la forme *Teutates*. Deux de ces inscriptions ont été découvertes en Grande-Bretagne ; l'une à Rookywood, est ainsi conçue (3) :

(1) *C. I. L.* t. VI, 39.
(2) César, *Bell. gall.* VI, 17.
(3) *C. I. L.* t. VII, 84.

MARTI
TOVTATI
TI·CLAVDIVS·PRIMVS
ATTII·LIBER
V·S·L·M

L'autre, provenant d'Old Carlisle et conservée au British Museum, est très fruste dans quelques-unes de ses parties. Elle a été publiée par M. Bruce, sous la forme (1) :

IOCMAT
VTATM
COCIDO
TOΛEΛ
ΛNTΛ

Huebner (2) l'a lue autrement: [*D*] *o Ma(rti) Tutati Cocidio be*[*ne*] *mer(enti)*. Dans une inscription votive, *merito* serait préférable à *merenti*.

La troisième inscription a été trouvée à Seckau, dans le Norique (3) :

MARTI
LATOBIO
HARMOGIO
TIOVTATI
SINATI·MOG
ENIO·C·VAL
VALERINVS (*sic*)
EX VOTO

La découverte de ces monuments aux extrémités opposées du monde celtique prouve que *Teutates* n'est point le nom d'un Mercure indigène ou topique comme on l'a prétendu, mais que c'est l'un des surnoms du Mars adoré en commun par tous les peuples Gaulois.

Quant à Taranis, les mythologues sont arrivés du premier coup à le reconnaître pour le Jupiter gaulois et cette attribution paraît définitivement acquise, grâce à l'accord des résultats étymologiques avec les textes d'inscriptions.

Tout d'abord, il faut observer que l'orthographe de ce mot

(1) *Lapidarium septentrionale*, p. 421, n° 816.
(2) *Ephemeris epigraphica*, III (1877), p. 128.
(3) *C. I. L.* t. III, 5320.

n'est pas constante dans les manuscrits; le codex 7936, fonds latin de la Bibliothèque nationale, donne la leçon *Tharanus* dans laquelle il n'y a pas à tenir compte de la lettre parasite *h*, pas plus que dans *Theutates*, alias, *Theuthates*, ou dans *Hesus*; mais il en serait autrement de *u* de la dernière syllabe, s'il venait à être prouvé que c'est la véritable voyelle organique de cette syllabe.

Le cas mérite donc d'être examiné de près, d'autant plus que la variante *Tharanus* n'est pas absolument isolée; Dieffenbach (1), de son côté, en a signalé une autre, *Taramis*, dont la cinquième et la sixième lettres, *m*, *i*, contiennent, à elles deux, le même nombre de jambages que *n*, *u*, et que je crois, en conséquence, avoir été fautivement écrite ou lue pour *Taranus*.

De là, naît le soupçon que tel pourrait bien être le véritable nom de cette divinité. L'hypothèse acquiert la consistance de la certitude quand on considère que tous les dérivés qui en sont connus par des documents épigraphiques, *Taranucus*, *Taranucnus*, *Taranut(ius?)*, sont construits sur un thème en *u*, *taranu*, avec adjonction d'un des suffixes *co-s*, *cno-s*, *tio-s*. On arrive ainsi à conclure que le nom du dieu est, non pas *Taranis*, comme l'ont transcrit les éditeurs de Lucain, mais *Taranus*, à décliner sur la quatrième déclinaison; c'est qu'en effet l'autorité des manuscrits sur lesquels ils se sont appuyés doit plier devant celle des inscriptions. Il est à noter que *Tăränŭs* ne peut entrer dans l'hexamètre de Lucain qu'avec des *a* brefs comme ceux de *gărănŭs*; il existe donc entre ces deux mots la singularité d'un rapport d'assonnance poussée jusqu'à la dernière limite. Grâce à cette similitude parfaite de conformation, ils ont suivi des destinées parallèles; de même que *garanus* est devenu *garan* en gallois, de même *taranus* y est devenu *taran*, tous deux avec perte de la désinence thématique commune. Or, en gallois et en cornique, *taran* signifie « tonnerre; » d'où l'on conclut le sens de « *tonitru* ou *fulgur* » pour *Taranus*.

Le dieu qui portait ce nom était donc, dans la croyance des Gaulois, confondu avec la foudre elle-même; c'est un dieu-foudre comme le Jupiter Fulgur Fulmen (2) d'une inscription de Vienne (Isère), et le Ζεὺς Κεραυνός de Mantinée, dont la personnalité n'est pas encore dégagée du phénomène physique (3). Il appartient à

(1) *Orig. Europ.* p. 423.
(2) Allmer, *Insc. ant. de Vienne*, t. II, p. 426.
(3) *Rev. Arch.* XXXII, 1876, p. 50.

l'étage mythologique du naturalisme dont le *Fagus Deus* et le *Sexarbor Deus* des autels pyrénéens sont d'autres représentants

Une inscription de Chesters (Angleterre) débute par la dédicace I.O.M.TANARO, dans laquelle on est surpris de rencontrer une épithète du dieu connue seulement comme nom d'un fleuve de Ligurie mentionné par Pline l'Ancien. L'association d'un nom de fleuve au nom de Jupiter serait inexplicable, quand même la lecture en serait certaine. Mais Huebner (1) après avoir examiné le monument, en déclare la lecture extrêmement douteuse, à cause de l'usure de la pierre, et les épigraphistes savent combien il est facile, dans ces conditions, de confondre un R avec un N, et réciproquement. La plus grande probabilité est donc qu'il y a transposition de ces deux lettres, soit par une erreur de déchiffrement, soit par la faute même du lapicide; le redressement conduirait à la lecture TARANO; ce datif de la 2e déclinaison serait, il est vrai, en opposition avec ce que nous avons dit touchant la déclinaison de *taranus*, s'il n'était avéré que les noms en *us* de la 4e déclinaison sont fréquemment sujets à passer dans la 2e par voie de métaplasme, même dans la latinité officielle ou classique, témoin les génitifs *senati*, *exerciti*, *tumulti*, etc. Quoiqu'il en soit de cette particularité grammaticale, l'inscription de Chesters est fort importante en ce quelle montre Taranus comme un dieu-foudre assimilé à Jupiter Optimus Maximus.

Dans une inscription de Dalmatie (2), le dieu assimilé à Jupiter

IOVI · TA
RANVCO
ARRIA · SVC
CESSA · V · S

ne porte pas le nom même de la foudre, mais l'épithète *taranucus* qui en est dérivée. Il ne se confond donc plus avec le phénomène, mais il le régit; conséquemment, c'est un *Jupiter Fulminaris*, *Fulgurator* ou *Tonans*, distinct du *Jupiter Fulgur*.

De *taranucus* est dérivé; à son tour *taranucnus*, par addition du suffixe *no* au suffixe *co*, d'où le suffixe composé *cno-s* pour *c(o)-no-s*, reconnaissable dans d'autres noms gaulois, *Oppianicnos* *Nantonicnos*, *Toutissicnos*, *Trutiknos*, *Tanotaliknos*, et correspondant au suffixe latin *gnu-s*, dans les mots *privignus*, *benignus*,

(1) *C. I. L.* t. VII, 168.
(2) *C. I. L.* t. III, 2804.

malignus, qui sont pour *privicnus*, *benignus*, *malicnus* (1). Pour ce changement de *c* en *g* devant un *n*, comparez *cygnus* à κύκνος, *dignus* à *dictus*.

Taranucnus a certainement un sens très voisin de *taranucus*, comme *tonitrualis* en regard de *tonans*. Ce nom nous est connu par deux inscriptions rhénanes; l'une, au musée de Stuttgard (2), ne donne lieu à aucune nouvelle remarque; la voici :

DEO
TARANVCNO
VERATIVS
PRIMVS
EX IVSSV

L'autre à Mannheim, moins intelligible que la précédente, montre peut-être les traces d'une deuxième épithète du dieu, *Cr(a)vini,* à laquelle il ne semble manquer qu'une lettre médiane, si l'on s'en rapporte au *fac-simile* de Lamey (3) dont voici la transcription :

IN·H·D·D·DEO
TARANVCNO
CRA//VINI
OVIBVS EX
CON V//TA
BTII///////

Brambach donne une version sensiblement différente (4):

IN·H·D·D·DEO
TARANVCNO
GR///VINI
QVIBVEX
COHATA///
STIPN/////
IVLIV//////
CCOR//////
////SS//////

Le nom *Taranut(ius)*, dont il me reste à rendre compte, se lit,

(1) Il est surprenant que Corssen ait admis l'étymologie surannée qui consiste à supposer de prétendues formes *benigenus*, *maligenus*, par une fausse analogie avec *indigena*, *terrigena*. (*Ueber Aussprache, Vokalismus der lat. Sprache*, II, p. 577, éd. 1870).

(2) Brambach, *C. I. Rh.* 1589.

(3) *Hist. et commentat. Academiae Theodorae-Palatinae*, t. II, (1770) p. II, pl. 2.

(4) *C. I. Rh.* 1582.

du moins en partie, dans une inscription de Tours gravée sur deux faces adjacentes d'une pierre qui paraît avoir eu une destination funéraire ; sur l'original je l'ai lue ainsi :

Face latérale	*Face principale*
	D//////////
	M · S A/////
///////////	V X/////
///////////	TARANVI///
///NO SVO	COMATVI///
////OPOSVIT	
//////EMIO	

Ce texte est trop incomplet pour qu'on puisse songer à en restituer autre chose que les deux derniers noms gravés sur la face principale. Celui de la 5e ligne doit être *Comatullus* ou *Comatulla*; dans celui de la ligne précédente, les six premières lettres sont intactes; de la septième lettre, on voit seulement le bas du jambage que je restaure en T, seule lettre s'adaptant avec vraisemblance à une fin de *nomen gentilicium*, *Taranutius*, ou *Taranutia*, qui correspondrait, pour le sens, au nom latin *Fulgentius*.

Après cette discussion, il reste acquis que *Taranus* est le véritable nom donné par les Gaulois au dieu de la foudre, et que les Romains l'ont assimilé à leur Jupiter, parce qu'il préside comme ce dernier, aux phénomènes atmosphériques de la voûte céleste. C'est donc bien de lui que César a dit, *Iovem imperium coelestium tenere.*

Mais cette assimilation n'avait pas pour effet de détruire la croyance que *Dis Pater* était l'auteur de la race gauloise, tandis que les Romains et les Grecs regardaient Jupiter comme le père des dieux et des hommes. Voilà donc la raison pour laquelle, sur l'autel d'Ésus, le nom *Iovis* n'est pas combiné avec le titre de *pater*, mentalement réservé à *Dis* sous son vocable gaulois de *Cernunnos.* D'où l'on conclut que les *Nautes* parisiens ont continué à adorer leur dieu indigène Taranus sous les traits officiels du Jovis romain armé du foudre, à côté de leur Ésus.

L'extrême importance des autels de la Cité tient surtout à ce qu'on connaît leur âge, presque leur date, et à ce qu'on peut les faire remonter avec certitude à l'époque la plus voisine de l'indépendance nationale. L'étude à laquelle nous venons de nous livrer montre combien le culte avait déjà subi l'influence de la conquête, tout en conservant certains traits de sa physionomie originale.

Si nous sommes parvenus à expliquer quelques-unes des particularités réputées les plus obscures de ces monuments et à coordonner dans un ensemble les résultats obtenus, c'est uniquement pour avoir appliqué la méthode indiquée par les paroles même de César, notre guide le plus autorisé, *post hunc (Mercurium), Apollinem et Martem et Iovem et Minervam; de his eamdem fere, quam reliquae gentes, habent opinionem* (1). Dans cette fondamentale conformité d'opinion en matière religieuse, chez les Gaulois et chez les Romains, réside tout le secret de la facilité avec laquelle s'est accomplie la reconnaissance légale des grandes divinités indigènes assimilées aux grands dieux de Rome. L'assimilation, réelle ou fictive, si l'on veut, a été dès le principe spontanément et sincèrement acceptée de part et d'autre, à peu près comme celle des dieux Grecs et des dieux Romains; et cela par une raison bien simple, c'est que malgré la diversité des formes extérieures du culte, tous ces peuples avaient vaguement conscience de l'identité d'essence de leurs religions; plus éclairés qu'eux, nous savons que cette identité est corrélative de l'affinité de race dont ils avaient perdu le souvenir.

Sauf l'abolition des sacrifices humains et l'obligation du culte de l'Empereur, culte plutôt politique que religieux, les Romains n'ont eu aucune concession à faire aux vaincus en leur laissant leurs pratiques de dévotion, et il n'y a pas lieu de leur faire un mérite d'une tolérance qui n'était que la conséquence logique de leurs propres croyances. Il n'y a donc eu en Gaule aucune persécution, et partant aucun culte secret; l'adorateur de *Taranus* était libre de le reconnaître sous les traits de *Iovis*, du moment qu'il lui était licite d'honorer *Dis Pater* dans le portrait de *Cernunnos* exposé en public.

En ce qui concerne les divinités ethniques et topiques, dont les Romains supposaient l'univers peuplé, à l'instar de leurs innombrables Génies locaux, elles avaient droit aux mêmes honneurs que ceux-ci par le fait seul de l'annexion des cités et des peuples à la protection desquels elles étaient inséparablement préposées. Il avait suffi d'imaginer la dénomination de *Lares Augustes*, comme formule de naturalisation prête à être étendue aux dieux des nations conquises ou à conquérir.

Et maintenant pour conclure, puisque les seuls monuments religieux que l'on connaît, soit épigraphiques, soit figurés, appar-

(1) *Bell. Gall*, VI, 17.

tiennent tous à l'époque impériale dont ils ont nécessairement plus ou moins subi la puissante influence, il faut bien s'avouer que l'on n'a guère d'autre moyen d'entr'ouvrir la porte du panthéon gaulois qu'avec la clef de la mythologie romaine. Hors le cas d'une fausse application de la méthode, on est du moins assuré que les données positives fournies par cette science, constituent un terrain autrement solide que les plus ingénieuses spéculations de la symbolique conjecturale. Peut-être aussi dans un avenir prochain, quand la science de la mythologie irlandaise aura fait des progrès suffisants, pourra-t-on utiliser son concours, si tant est qu'elle renferme des traces de mythes communs aux peuples de race celtique. Que l'on ne s'en exagère point cependant prématurément l'importance ; gardons-nous surtout des procédés *outranciers* dont on a parfois fait usage ou plutôt abus dans les études de mythologie indienne comparée à la mythologie classique.

Outre les quatre autels provenant de l'église Notre-Dame, le musée de Cluny possède quelques inscriptions romaines, moins anciennes, découvertes à la suite des grands travaux exécutés depuis plus de trente-six ans sur divers points de la Cité. Elles ne renferment aucun mot gaulois et n'ont, par conséquent, aucun droit à la qualification de gallo-romaines que nous réservons aux précédentes. Comme elles sont généralement peu connues, quelques-unes inédites même, nous les donnons ici, pour qu'on puisse au moins trouver quelque part l'ensemble des textes épigraphiques bénévolement apportés au musée de Cluny sans obtenir les honneurs de l'insertion au Catalogue de cet établissement (1). A tous les points de vue, il est désirable que ces monuments aillent rejoindre, au musée Carnavalet, les séries d'antiquités locales dont ils ne devraient pas être séparés.

V

Inscription votive (sans numéro ; omise dans le Catalogue).

Cette inscription, déposée dans la partie de la salle des Thermes appelée la Piscine, à cause de sa disposition en contrebas, était inédite quand nous l'avons signalée (2) à la Société des Antiquaires

(1) La dernière édition a paru au commencement de la présente année 1881 ; la section épigraphique aurait dû y être moins négligée.

(2) *Bull. de la Soç. des Ant. de Fr.*, 1878, p. 242.

de France, en 1878. C'est un fragment de tablette en pierre calcaire, avec encadrement à moulures, dont il ne reste que le coin supérieur de gauche ; largeur, suivant l'arête horizontale, o m. 25 ; hauteur, suivant l'arête verticale, o m. 34 ; épaisseur, o m. 14. On y lit le commencement de deux lignes en bons caractères de 5 centimètres :

NV //////
DEO *I*///////

Le jambage qui suit le mot *deo* est sur la cassure de la pierre ; en raison de son obliquité, on peut le considérer avec certitude comme ayant appartenu à un M, qui serait ici l'initiale d'un nom de divinité masculine, Mars, ou plus probablement Mercure. On aurait donc pour lecture *Nu*[*m*(*ini*) *Aug*(*usti*)], ou *Nu*[*m*(*inibus*) *Aug*(*ustorum*)] *deo M*[*ercurio* (?)].

VI

Epitaphe contenant un éloge funèbre (n° 22 du Catalogue).

////// E · RAPVISTIs · FATA ///////
////// RAT · PROPÉNSO · D ///////
////// IXTO · LASCIVA · //////
////// NS · CÓMIS · PIA · CA ///////
////// ATORVM · MOR.T ///////
////// IO · IVNGIT · SE S ///////

Ce beau spécimen épigraphique, publié pour la première fois en 1846 par MM. Duc et Dommey (2), a été découvert au mois de juin 1845, derrière la Ste-Chapelle, près du bâtiment situé rue de la Barillerie, à 3 mètres de profondeur, dans un mur qui a fait partie de l'ancienne enceinte du Palais de Justice. Il est gravé en caractères de 6 1/2 centimètres, sur une grande table de pierre calcaire, épaisse de 15 centimètres, qui, dans son état actuel de mutilation, mesure encore o m. 89 de largeur, sur o m. 63 de hauteur. Le monument avait donc des dimensions considérables. Les accents placés sur l'E de *propénso* et sur l'O de *cómis*,

(2) *Mémoires de la Société des Antiquaires de France*, t. XVIII, p. 330, avec un fac-simile assez fidèle, auquel il manque toutefois l'accent sur le O de *cómis*.

l'ampleur des O et des autres lettres rondes, l'ouverture des V et la boucle fermée des P, tout concourt à fixer l'âge de l'inscription qu'on peut rapporter approximativement à la fin du Ier siècle de notre ère. Le S final de *rapuistis*, beaucoup plus petit que les autres lettres, a été intercalé après coup pour réparer une omission. Les 7 dernières lettres de la 1re ligne sont fortement endommagées ; l'écartement entre le E et le S, à la fin de la 6e ligne, semble indiquer qu'avant la cassure il y avait un point triangulaire séparatif comme après chacun des mots de l'inscription. On reconnaît de suite que ce texte est consacré à l'éloge funèbre d'une jeune femme, mais ce qui en reste est insuffisant pour assurer la restitution des parties absentes. On n'y voit que des dactyles et des spondées, circonstance qui donnerait à penser que, suivant un usage fort répandu, l'éloge de la défunte était rédigé sous une forme poétique. Il faut cependant remarquer que l'hypothèse d'une versification hexamétrique ne se concilie pas avec la quantité prosodique du mot *sepulcro* qu'il paraît naturel de rétablir après les mots *jungit se*, sur le modèle de la locution *me junxi sepulcro* que M. Léon Renier a lue dans une inscription de Lambèse (1). Nous ne proposons donc qu'à titre de remplissage la restitution suivante :

[immatur]e rapuistis, Fata, [conjugem].
[animo e]rat propenso, d[ulci,]
[imm]ixto, lasciva. . . . . . .
[indulge]ns, comis, ca[sta]
. . . . . . atorum mort . . . . . .
[nunc aeter]no jungit se s[epulcro.]

VII

Deux fragments inédits d'inscription funéraire (sans numéro ; omis dans le Catalogue).

LVGIOLAE·ET·A /////	///XVIIII·ET·CELIAE///
MATER VI///A	POSSVI///

Ces fragments n'ont encore été signalés par personne que je sache. Ils consistent en deux blocs parallélipipédiques de longueurs différentes, l'un de 0 m. 90, l'autre de 0 m. 60 ; tous deux ont le même équarrissage, à savoir 0 m. 17 d'épaisseur sur 0 m. 24 de hauteur. Ils sont placés à l'écart l'un de l'autre, le

(1) *Inscr. rom. de l'Algérie*, 282.

premier près d'une statue numérotée 246, le deuxième, derrière un empilement de sculptures portant le numéro 88. En les examinant, je me suis convaincu qu'ils ont appartenu à un seul et même monument, dans lequel ils devaient être disposés bout à bout, comme l'atteste la parfaite concordance des alignements de lettres, réglés par des rainures équidistantes très apparentes ; hauteur des lettres, 4 1/2 centimètres ; hauteur de l'interligne, 3 centimètres. La ligne supérieure de chaque fragment a été sciée dans toute sa longueur et à mi-hauteur des lettres, comme si les deux blocs, après avoir été enlevés de l'édicule dont ils faisaient partie, avaient été retaillés pour servir de matériaux dans quelqu'autre construction. Il y a entre eux une lacune de lecture dont nous ignorons l'étendue. Cette circonstance, jointe à la dégradation de l'arête supérieure, rend la restitution très difficile. On en voit cependant assez pour lire le nom de femme *Lugiolae*, dans lequel la 3e lettre est certainement un G et non un C ; la restitution du mot *vi*[*v*]*a* après *mater* ne souffre aucune difficulté ; notez l'orthographe fautive *possui* avec deux *s*, pour *posui* ou *posui*[*t*].

VIII

Inscription funéraire (sans numéro ; omise dans le Catalogue).

//////////I S/////IILA/////I////ILIMOLI/////
////NARIS · FRATER · VIVOS · F//////

Cette inscription est gravée en beaux caractères, hauts de 7 centimètres, sur un bloc parallélipipédique ; longueur 1 m. 20 ; hauteur, 0 m. 32 ; épaisseur, 0 m. 22. Le bloc, brisé en biais vers le milieu entre les lettres T et E du mot *frater*, se trouve actuellement appuyé contre une stèle à deux personnages, numérotée 305. Il était inédit quand nous l'avons signalé (1) à la Société des Antiquaires de France, en 1878. La pierre paraît avoir été, dès les temps anciens, sciée longitudinalement à mi-hauteur des lettres de la ligne supérieure dont on ne voit plus que quelques traces dégradées par la cassure. On est donc réduit à la lecture de la ligne inférieure qui peut se restituer ainsi : [*Apolli*]*naris frater vivos f*[*ecit*]. L'orthographe archaïque *vivos* (2) pour *vivus* dénote une époque qui ne descend guère au-dessous du milieu du Ier siècle de notre ère. On voit qu'il s'agit d'un monument funé-

(1) *Bull. de la Soc. des Ant. de Fr*, 1878, p. 241.
(2) Quintilien, *Instit. Orat.* I, 7.

raire élevé par un personnage nommé *Apollinaris*, pour lui-même et pour son frère ou pour sa sœur déjà décédée. Tout indique que le bloc faisait partie d'un tombeau de dimensions considérables, dont les matériaux ont été plus tard utilisés dans une autre construction.

IX — XVI

Gradins d'amphithéâtre (nº 307 du Catalogue).

Le Catalogue du musée n'indique que 6 assises de pierres ; il y en a 8 en réalité. Elles portent des inscriptions informes en caractères gigantesques, parfois défigurés par des coups de ciseau intentionnés ou accidentels et variant, en hauteur, de 13 jusqu'à 20 et même 24 centimètres.

L'une d'elles, placée au sommet du groupe, vers la droite, est inédite ; en voici le dessin réduit à 1/30 :

En développant les ligatures, on obtient la lecture . .*arianus*, peut-être la fin d'un nom d'homme, comme *Clarianus, Marianus.* Les sept autres assises, de longueurs variables entre 0 m. 40 et 1 m. 20, ont été publiées en fac-similé par M. de Longpérier (1), ainsi que quatre autres dont il sera question à l'article suivant:

Voici comment nous les lisons, dans l'ordre même où elles sont disposées, et en représentant par le signe Λ les A dont la traverse est remplacée par un trait vertical ou oblique; notez aussi l'emploi simultané des E et des II :

Bien que ces blocs, découverts en 1847, dans le nivellement de la place du Parvis de Notre-Dame, ne proviennent pas directe-

(1) *Les pierres écrites des arènes de Lutèce*, dans le *Journal des Savants*, 1873, p. 654, fig. 28, 18 20, 21, 19, 25, 23.

ment des *Arènes*, nous n'hésitons pas, avec le savant académicien, à leur assigner la même origine qu'aux pierres tirées, en 1866, de l'amphithéâtre de la rue *Monge*, avec lesquelles ils sont dans des rapports de similitude absolue, tant pour la matière que pour les dimensions, le travail de la taille et le style brut de leurs inscriptions. Il faut croire qu'à une époque ancienne ils ont été enlevés aux *Arènes* et transportés dans l'île de la Cité, pour être appropriés à une autre construction; leurs vicissitudes nous éclairent en même temps sur celles des blocs funéraires d'Apollinaris et de Lugiola.

Il est inadmissible que les caractères dont ils sont chargés aient formé une seule et même inscription. En effet, sur quelques-uns des blocs congénères exhumés des *Arènes* et conservés au musée Carnavalet (1), la disposition des sigles et autres lettres gravées suivant la longueur de deux faces adjacentes prouve que ces faces formaient le dessus et le devant d'autant de gradins ; l'irrégularité du tracé tient à ce qu'il n'a été exécuté qu'après la pose de la pierre dont il devenait un signe récognitif, à l'usage des gens de service et des spectateurs titulaires des places dans l'amphithéâtre. L'ouvrier, ayant ainsi à graver sur le devant vertical des gradins, opérait dans une position extrêmement incommode. Le public était d'ailleurs familiarisé avec ces signes abrégés dont les sous-entendus nous échappent aujourd'hui.

L'inscription la plus intéressante est celle du bloc sur lequel on remarque le mot *Martis*; c'était probablement la place réservée au prêtre de Mars. Les fragments *meliai*, *marati* paraissent appartenir à des noms propres gaulois.

XVII

Gradin d'amphithéâtre (*sans numéro*; *omis dans le Catalogue*).

CΛSVΛTB

Ce bloc, de même provenance que les précédents, est placé contre une stèle numérotée 305. La 4ᵉ lettre est incontestablement un V, non un L; la 7ᵉ, un B, non un P (2). Devant ces difficultés matérielles, M. de Longpérier éprouve des doutes légitimes sur la lecture (3) CASLATP suggérée par l'ingénieux rapprochement

(1) De Longpérier, *Les pierres écrites des Arènes de Lutèce*, fig. 2, 4, 13.
(2) *Id. ibid.* fig. 15.
(3) *Id. ibid.* fig. 22.

d'un fragment OSTVMI conservé au musée Carnavalet. Nous ne pouvons qu'imiter cette sage réserve, en faisant observer que la faculté d'abréger de la sorte les noms gentilices de l'empereur M. Cassianius Latinius Postumus n'existe pas dans l'épigraphie lapidaire comme dans les légendes monétaires, et qu'en outre, le prénom M (*Marcus*), qui précède toujours le gentilice impérial, conformément à une règle invariable, ne figure pas sur la pierre où il y avait cependant place pour le graver.

XVIII — XX

Gradins d'amphithéâtre (sans numéro; omis dans le Catalogue).

Ces trois blocs, de même provenance que les précédents, sont exposés en plein air, dans la partie basse du jardin, près des souterrains qui s'étendent sous le boulevard *St-Michel*, d'où les passants peuvent les apercevoir à travers la grille. M. de Longpérier a signalé avec regret les inconvénients que présente pour l'étude l'aménagement de ces inscriptions enfouies sous des lierres et nécessitant un nettoyage; depuis lors, si le besoin du nettoyage se fait toujours sentir, les lierres ont été émondés, du moins en partie. Grâce à cette circonstance, j'ai eu la satisfaction d'obtenir deux importants redressements de lecture.

Sur l'une des pierres il y a :

il faut donc lire *Severu(s)* et non *Bener* (1). La deuxième pierre, brisée en deux parties faciles à raccorder au moyen de la feuillure ménagée le long de leur arête inférieure, se présente ainsi :

d'où la lecture *Mamerti*... dégagée des traits parasites qui avaient donné lieu au déchiffrement provisoire (2) VRSINAE — RTILI, proposé par M. de Longpérier.

Quant au troisième bloc de ce groupe, il présente un véritable fouillis de lettres endommagées dont nos caractères typographiques ne donnent qu'une idée imparfaite (3) :

NVLIIA

(1) De Longpérier, *Les pierres écrites des Arènes de Lutèce*, fig. 22.
(2) *Id. ibid.* fig. 27, 26.
(3) *Id. ibid.* fig. 24.

COLLECTIONS ÉPIGRAPHIQUES DU MUSÉE MUNICIPAL

Le musée municipal de l'*hôtel Carnavalet* (1), institué pour recueillir les antiquités et les autres objets qui intéressent l'histoire de la ville de Paris à toutes les époques, n'a pas encore de catalogue à l'usage du public; il y a donc utilité à donner ici l'ensemble des inscriptions romaines conservées dans ce dépôt, de manière à faire suite à celles que possède le *musée de Cluny*. Elles proviennent toutes des quartiers situés sur la rive gauche, notamment de la rue *Monge*, de l'ancien *cloître St-Marcel* et de la rue *Nicole*. Nous les décrirons conformément à cet ordre topographique.

XXI — XXXVII

Assises d'Amphithéâtre (*Salle d'entrée, au rez-de-chaussée*)

Les seize blocs réunis dans cet article ont été extraits des fouilles de l'amphithéâtre découvert en 1870 dans les terrains qui dépendaient autrefois de l'*abbaye de St-Victor* et recomblé pour la construction des écuries de la compagnie des Omnibus, rue *Monge*, n° 49, malgré les protestations qui se sont élevées contre ce scandaleux vandalisme. Ils sont superposés par groupes de quatre et numérotés de 12 à 28:

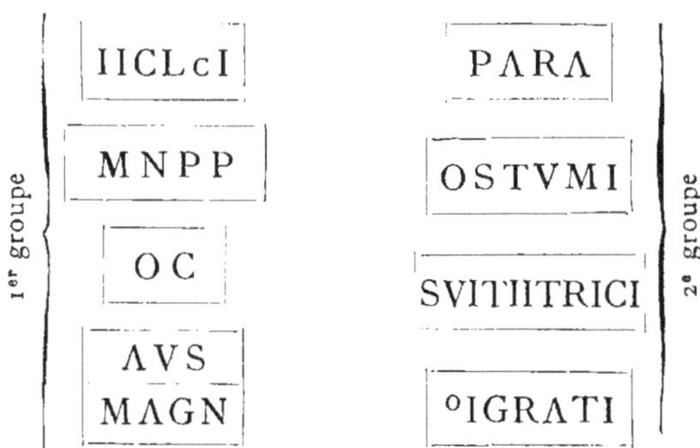

(1) Altération populaire du nom de famille bretonne *Kernevenoy*.

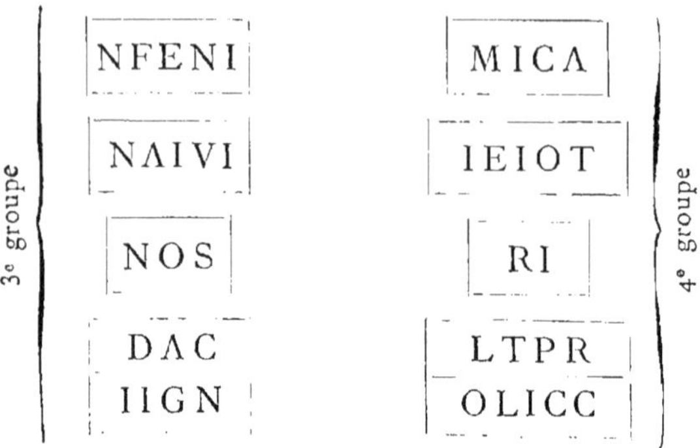

Les caractères, en gravure profonde et irrégulière, ont une hauteur variable entre 12 et 32 centimètres; quelques-uns sont chargés de traits parasites qu'il est impossible de représenter typographiquement et qui rendent souvent la lecture difficile ou douteuse. Les blocs les plus intéressants sont ceux sur lesquels on croit reconnaître les noms de *Postumus* et d'*Esuvius Tetricus*; mais s'ils ont réellement marqué les siéges réservés à ces deux personnages historiques, cela a dû être avant leur avènement, car on ne peut supposer que la tribune ou la loge impériale ait été défigurée par un griffonnage aussi grossier. On remarquera également les trois blocs qui portent une inscription sur deux de leurs faces, celle de dessus et celle de devant, disposition qui ne peut convenir qu'à des gradins d'amphithéâtre.

Les seize fragments portent respectivement les nos 1, 2, 3, 4, 5, 6, 7, 8, 9, 10, 11, 12, 13, 14, 16 et 17 dans la planche des *fac-simile* qui accompagnent le mémoire de M. de Longpérier, *Les Pierres écrites des Arènes de Lutèce*, dans le *Journal des Savants*, 1873, p. 654.

XXXVIII

Sarcophage (Galerie latérale)

//// M M REXS //// E /////// REGINI ▾ RHENICI ▾ FIL
SAPPOSSA ▾ CONIVNCX ▾ V ▾ P ▾ C

Cette inscription est gravée en caractères de 0,055, d'une élégance et d'une finesse remarquables, sur un des grands côtés d'un cercueil en pierre calcaire, découvert en 1872, dans le *cimetière St-Marcel*. Le sarcophage a 2 m. 40 de longueur sur 0m 40 de hauteur, non compris le couvercle qui a 0m 25 d'épaisseur; sa largeur est de 0^m 76 à la tête et de 0^m 71 aux pieds. Il ne contenait que des ossements; nous ignorons si on les y a conservés. La forme des P à boucle ouverte annonce le commencement du Ier siècle; notez l'orthographe de *conjuncx*. Le début de la première ligne était occupé par une dédicace funéraire et par les noms du défunt, il n'en reste plus que le pied de quelques lettres, M M REXS....E. Ces noms devaient être, non pas au nominatif, comme on l'a cru, mais au datif; ainsi l'exige la formule *viva ponendum curavit* par laquelle je rends les sigles V·P·C, conformément à une inscription de Lyon (de Boissieu, p. 429) où elle se lit en toutes lettres. Le sarcophage n'a donc pas contenu le corps de la femme avec celui du mari; il a été construit pour le mari par sa femme. Haut. des lettres, 0^m055.

Lecture: [*D(iis)*] *M(anibus)*. *M. Rexs.. .e...., Regini(i) Rhenici fil(io), Sapposta conjuncx v(iva) p(onendum) c(uravit)*.

Reginius est un gentilicium dérivé du nom *Reginus*; tous deux sont connus par des inscriptions rhénanes du recueil de Brambach, nos 313, 1789, 196, 1342. Le cognomen *Rhenicus* paraît dériver du nom du fleuve *Rhenus*, comme *rhodanicus* de *Rhodanus*; sauf le *h* parasite, il est identique à *Renicus*, donné par le même recueil, no 1809.

Il est naturel de supposer que le fils portait le même *gentilicium* que son père *Reginius*; cependant les débris de lettres appartenant aux dénominations du défunt ne se prêtent pas à une restitution de ce genre. Le nom *Sappossa*, avec ses consonnes redoublées, a une physionomie franchement gauloise.

Cette inscription a été éditée pour la première fois par Guilhermy, *Inscriptions de la France*, tome I, 1873, p. 6, avec la lecture incomplète *....gni. Rheni Sappossa conjuncx vpc*. M de Longpérier lui a consacré quelques remarques dans le *Journal des Savants*, septembre 1874, et a proposé une lecture également peu satisfaisante, *Iulius Rexci...... egini. Rhenici Sappossa, con..cx vpc.*

XXXIX

Fragment d'inscription monumentale (*Galerie latérale*)

Dans les fouilles exécutées en août 1873, sur l'emplacement du *cloître St-Marcel*, entre l'*avenue des Gobelins* et la base du *clocher de St-Marcel*, on découvrit un sarcophage composé de deux pièces rapportées, dont l'une, vers la tête, avait été creusée dans un bloc représentant à peu près le quart de la longueur totale. Sur le flanc gauche, on lit un fragment d'inscription en magnifiques caractères; ceux de la première ligne ont 0m 19 de hauteur, ceux de la seconde 0m 16. Il y a une cassure à gauche, le long du jambage du F, et à droite le long du I:

////FILSACER////
////   PARI///

Ce bloc faisait manifestement partie d'un entablement sur lequel se développait une inscription de longueur considérable. Le mot *Sacer*, soit complet, soit à compléter en *Sacerdos*, est le cognomen d'un personnage dont le prénom, le gentilicium et la filiation devaient être gravées sur des blocs juxtaposés à gauche. Le groupe des lettres PARI semble bien être le commencement du nom ethnique des *Parisii*. M. de Longpérier a en effet observé que la lettre I, bien que située sur la cassure, ne peut être prise pour le jambage d'un E, parce qu'il subsiste encore une petite portion de champ qui exclut l'existence des traits horizontaux caractéristiques de cette dernière lettre, particulièrement au sommet du jambage. Il avait d'abord cru voir que celui-ci se terminait en arrière par un apex comme celui qui affecte la lettre I sur quelques monnaies de grand bronze au nom de Tibère, et il avait consigné cette remarque dans la *Revue archéologique*, t. XXVI (1873), p. 192, mais il ne l'a pas maintenue dans les *Comptes-rendus de l'Académie des Inscriptions et Belles-Lettres*, 1873, p. 288. De fait, cet apex n'a jamais existé sur la pierre, ainsi que je m'en suis assuré.

XL

Fragment d'inscription monumentale (*Galerie latérale*)

Un autre bloc, long de 0m 82, haut de 0m 60, creusé en sarcophage et découvert vers la même époque, porte sur l'un de ses côtés un fragment d'inscription en beaux caractères de 0m 18 :

/////MADIE/////

Il a peut-être fait partie de la même épigraphe monumentale que le fragment décrit au paragraphe précédent. Dans la lettre M on pourrait voir la finale d'un nom d'édifice, *aedem*, *balneum*, *basilicam*, ou *porticum*, et, dans les lettres suivantes, le commencement d'une locution telle que *adje(cta pecunia)* usitée (1) pour indiquer une part contributive dans les frais de construction.

(1) Orelli-Henzen, n° 6622. Une locution équivalente, *ex HS... adjectis*, se rencontre dans les nos 1162 b, et 2337 des *Exempla inscriptionum* de Wilmanns.

Ce monument a été signalé par M. de Longpérier, à ce que nous croyons, sans que nous puissions préciser dans quelle publication nous l'avons rencontré.

XLI

Colonne milliaire (*Galerie latérale*)

Au mois d'avril 1877, on découvrit, dans l'ancien *cimetière St-Marcel*, une colonne cylindrique de pierre calcaire, creusée en sarcophage à l'époque mérovingienne et munie, à sa partie inférieure, d'un dé carré de 0^{m} 32 de hauteur ; hauteur totale 1^{m} 95 ; diamètre supérieur, 0^{m} 59 ; diamètre inférieur, 0^{m} 48. L'auge a une longueur de 1^{m} 70 ; largeur à la tête, 0^{m} 33 ; aux pieds, 0^{m} 29 ; profondeur, 0^{m} 25. Sur le côté droit de l'auge et à 0^{m} 08 au-dessous du sommet de la colonne, on lit une inscription disposée sur cinq lignes en lettres grêles et irrégulières de 0^{m} 06. La plupart d'entre elles sont plus ou moins oblitérées, quelques-unes confuses et incertaines :

D N GAL VAL
MAXIMINO
NOBIL CAES
A CIV PAR
RCV

Ce monument, signalé dès sa découverte par M. de Longpérier (1), a fourni ensuite à M. Ernest Desjardins le sujet d'une importante et minutieuse étude (2) ; il a reconnu, dans le champ de 8 centimètres, au-dessous du sommet, les débris de quelques lettres qui lui paraissent avoir formé les mots AVGG ET. En conséquence, il pense que l'inscription a été décapitée et il la restitue aux trois princes qui ont simultanément gouverné la partie orientale de l'empire, du 31 mars 307 au 1er janvier 308. De plus, il voit dans la sigle R, à la dernière ligne, l'initiale, non pas du mot *Rotomagum*, comme le croyait M. de Longpérier, mais celle du nom ethnique des *Remi*. De là la lecture :

[D(ominis) n(ostris) M. Aur(elio) | Maximiano | et Fl(avio) Val(erio) | Constantino] | Aug(ustis) et] | d(omino) n(ostro) Gal(erio) Val(erio) | Maximino | nobil(issimo) Caes(ari). | A civ(itate) Par(isiorum), | R(emos) cv (millia passuum) | .

(1) *Journal des Débats*, 29 avril 1877 ; *Journal officiel*, 1er mai, p. 3168 ; *C. R. de l'Acad. des Insc. et B. L.*, 1877, p. 129.

(2) *C. R. de l'Ac. des Insc. et B. L.*, séances des 24 et 31 octobre 1879 ; *Revue archéologique*, XXXIX (1880), art. *la Borne milliaire de Paris*, avec planche photographique, p. 86-98, 146-160, 201-209.

105 milles romains font 155 kilomètres; or, de Paris à Reims il y a 160 kilomètres de chemin de fer par Soissons, et 156 par la route nationale. On ne peut désirer une concordance plus rapprochée. Par malheur, le déchiffrement est incertain.

XLII

Dalle funéraire (Première salle du fond)

Une grande tablette rectangulaire, de pierre calcaire, mesurant 0^{m} 80 en hauteur sur 0^{m} 55 en largeur, a été découverte, le 16 octobre 1873, à un mètre de profondeur, entre les quatre piliers de la *tour St-Marcel*. Le coin inférieur, à gauche, est emporté par une cassure; une grande palme est gravée dans le coin inférieur opposé. On aurait tort d'en conclure que le monument est chrétien, car cet ornement se rencontre dans une foule d'inscriptions païennes. Le champ épigraphique, composé de sept lignes, est traversé par une grande fissure oblique Les lettres sont de style grêle annonçant la décadence du 3e ou du 4e siècle; celles des deux premières lignes ont 0^{m} 06 de hauteur, les autres 0^{m} 04.

M E M O R I A M
F E C I T V R S I N A
COIOGI SVO VRSI
NIANO VETERANO
D E M E N A P I S
V · L X X I A N N O S
M X X X X V
(Palme)

Memoriam fecit Ursina coiogi (pour *coniugi*) *suo Ursiniano, veterano de Menapi(i)s; v(ixit) lxxi annos; m(ilitavit) xxxxv.*

D'après la similitude des noms, on peut supposer que le mari et la femme étaient cousins. Notez l'emploi fautif de la préposition *de* pour *ex*. Le défunt était vétéran d'une troupe auxiliaire primitivement recrutée chez les *Ménapes*, peuple belge riverain de la *Meuse*, suivant Ptolémée, ou des *bouches du Rhin*, suivant Strabon. Ce corps portait le nom de *Cohors I Menapiorum* et se trouvait cantonné en Grande Bretagne en l'an 124, comme nous l'apprenons par un diplôme militaire de Hadrien, le seul texte épigraphique qui le mentionne (*Corp. Insc. lat.* III, p. 872; *ibid.* VII, n° 1195). Sous Honorius, nous trouvons ce corps réorganisé en légion *comitatensis*, sous le nom de *Menapii Seniores*, et cantonné à *Tabernae* (Saverne) en Germanie, avec son *praefectus*, dans le commandement du *Dux Mogontiacensis*

(*Notitia Dignitatum*, p. 26*, 36* et 117*, éd. Bœcking). C'est sans doute à cette dernière troupe qu'avait appartenu Ursinianus, puisque la dénomination organique de *Cohors* ne figure pas dans son inscription.

Ce texte a été publié par M. de Longpérier dans le *Journal officiel*, 28 octobre 1873.

XLIII

Stèle funéraire (Deuxième salle du fond)

C'est une pierre calcaire ayant 0m 62 de hauteur, 0m 26 de largeur et 0m 23 d'épaisseur; elle a été découverte le 2 octobre 1873, dans le *jardin de Port-Royal*, dépendant aujourd'hui de l'*hospice de la Maternité*, sur le côté sud du *boulevard de Port-Royal*. L'inscription est gravée dans une aire creuse quadrangulaire, au-dessous d'un fronton triangulaire; la partie supérieure a été excavée en forme de table à libations:

GEMINIVS
SOLIMARI F
VESTIARI
H S

Les lettres sont de bon style et finement incisées; hauteur, 0m 35; la lettre F a une hauteur presque double de celle de ses voisines. A la fin de la troisième ligne, le jambage du R est pourvu d'un prolongement qui fait fonction de I; le T est surmonté d'un trait pareil, qu'une épauffrure a fait disparaître en partie. On peut donc lire ainsi: *Geminius*, *Solimari f(ilius)*, *vestiari(us)*; *h(ic) s(itus)*. Le père du défunt porte un nom gaulois. *Solimarus*, déjà connu par l'inscription de *Brignon* (Gard), SOLIMARVS | LEITVRRONIS, et par celle de *Francfort*, DIVABVS | SAC | SOLIMARVS · M | COH · $\overline{\text{IIII}}$ · VIND | VSLLMS. Son fils s'est romanisé, à en juger par le pseudo-gentilicium qu'il se donne, *Geminius*. Le mot *vestiarius* indique la profession de marchand d'habits, à distinguer de celle de tailleur, *vestifex*.

Cette inscription a été publiée par M. de Longpérier dans les *C. R. de l'Acad. des Insc. et B. L.*, 1873, et dans la *Revue Archéologique*, t. XXVI, 1873, p. 259; *ibid.* p. 265, extr. du *Journal officiel*; par M. Robert de Lasteyrie, *Revue Archéologique*, t. XXXV, 1878, p. 374.

XLIV

Tablette funéraire (Deuxième salle du fond)

Ce petit monument a été découvert en 1873, sur l'emplacement du *marché du Port-Royal*, rue *Nicole*.

D · M · MO
MAX·MILLII
MATIIRIL////
DONAVIT

Lettres irrégulières, de hauteur variable entre 0m 045 et 0m 06, tracées sur une tablette de pierre calcaire qui a 0m 35 de longueur et 0m 28 de hauteur. Les A n'ont pas de traverse horizontale, mais sont intérieurement marqués d'un petit trait vertical; la base des L est tombante; le caractère II, figuré par deux traits verticaux, y a la valeur d'un E. A la deuxième ligne, un point marque la place d'un I absent après la lettre X; la fin de la 3e ligne est oblitérée; il n'y manque que deux lettres qui se suppléent facilement.

Lecture : *D(iis) M(anibus). Mo(nimentum) Max(i)mille* (pour *Maximillae) Materil*[*la*] *donavit*.

La défunte s'appelle *Maximilla*; la personne qui lui a donné la sépulture porte le nom gaulois *Materilla*, connu en épigraphie (1). M. R. de Lasteyrie a publié cette inscription (2) en interprétant la troisième ligne par *mater ej*[*us*]; mais, outre que le pronom ne s'exprime pas en pareille circonstance, il n'est pas présumable que la personne qui a élevé le monument garde l'anonyme, tout en indiquant son degré de parenté avec la personne défunte.

XLV

Fragment de tablette votive (Deuxième salle du fond, vitrine)

M. R. de Lasteyrie a signalé (3) cette tablette dans les termes suivants: « marbre: hauteur, 0m 35; largeur, 0m 30. Ce fragment d'inscription est en deux morceaux; on l'a découvert en 1873, rue Nicole, sur l'emplacement d'une des maisons qui font face au marché. Il est écrit en lettres magnifiques et d'une netteté parfaite: malheureusement, il est tellement mutilé, qu'on ne peut en essayer la restitution ».

(1) Ménard, *Hist. de Nîmes*, t. VII, diss. v. n° 8.
(2) *Notice sur un cimetière romain découvert à Paris, rue Nicole*, dans la *Revue Archéologique*, t. XXXV, 1878, p. 373.
(3) *Ibid.*, p. 374.

Un des morceaux manque aujourd'hui ; c'est celui qui porte les lettres C et N à la 3e et à la 4e lignes ; peut-être n'est-il qu'égaré ou provisoirement mis de côté. Quoi qu'il en soit, je crois utile de donner ici le croquis que j'ai dessiné quand les deux morceaux réunis étaient exposés dans une autre vitrine de la même salle :

A la deuxième ligne, sur la cassure, M. R. de Lasteyrie croit reconnaître un N dans la lettre que j'ai prise pour un R, n'ayant pu la voir qu'à travers la glace. On s'étonne qu'une portion de texte, relativement aussi étendue, ne se prête à aucune restitution ; on n'imagine que le mot [*san*]CTIMO[*nia*] pour suppléer à la troisième ligne, sans découvrir quel parti on en peut tirer. On s'étonne aussi des signes de ponctuation placés à la fin de la première et de la quatrième lignes, tandis qu'il n'y en a pas à la fin des autres, ni surtout entre les mots *e*[X] VOTO ; deux T sont surélevés, les autres ne le sont pas. On ne s'attendrait pas non plus à rencontrer un marbre (gris) dans une région qui ne possède aucun gisement géologique de cette nature. La présence d'une inscription votive dans le voisinage immédiat du champ funéraire de la rue Nicole s'explique à la rigueur par ce fait, que dans les fouilles exécutées en 1878 par M. Léon Landau, on a découvert des objets de toutes sortes, ustensiles mobiliers, ornements de toilette, bas-reliefs, entassés pêle-mêle, notamment un petit buste creux d'Apollon, en bronze, dont la tête est percée d'un trou fermé par un couvercle à charnière, et un petit socle en pierre blanche supportant un bélier et les pieds d'une statuette, probablement un Mercure.

XLVI

Fragment d'inscription votive inédite (Deuxième salle du fond, vitrine)

La même vitrine renferme un fragment de tablette d'environ 0m 20 de long sur 0m 15 de haut. On y voit très nettement les restes de deux lettres, hautes de 0m 08, suivies d'un point triangulaire :

///// VG ▾

Ces lettres appartenaient peut-être au mot *Aug(usto)*, servant d'épithète à *Num(ini)*, ou à quelque nom de divinité.

A la suite de ces quatre dernières inscriptions, nous allons en décrire trois autres provenant aussi des terrains de *Port-Royal*, lors des fouilles exécutées en 1878 par M. Léon Landau, sur l'emplacement de sa propriété, *rue Nicole*, nos 19 et 21. Nous croyons savoir qu'elles sont encore en sa possession, bien qu'on aît annoncé prématurément qu'elles étaient destinées au *Musée Carnavalet*. Pour cette raison, nous leur donnons place ici. La description des fouilles a été publiée par M. Robert de Lasteyrie dans la *Revue Archéologique*, t. XXXV, 1878, p. 371-383, et peu après par M. Léon Landau lui-même, dans une brochure intitulée *Un Coin de Paris. — Le cimetière gallo-romain de la rue Nicole*, 1878. Un détail important à ajouter aux renseignements contenus dans ces deux notices, c'est qu'en outre des monnaies de bronze de Domitien, de Sabine, de Trajan, d'Antonin et des deux Faustine, les fouilles ont mis au jour un petit bronze de Decentius, dont la présence au milieu des sépultures a pour effet de faire descendre l'usage de ce champ funéraire au moins jusqu'à l'an 351 de notre ère. Les environs de cette date s'accordent du reste parfaitement avec le style et l'aspect paléographique des inscriptions qui suivent, et comme on n'y a trouvé aucune sépulture chrétienne, on peut croire qu'à cette époque l'œuvre de la christianisation était peu avancée ; elle dut même être retardée par l'empereur Julien qui séjourna à Lutèce pendant l'hiver de 360, c'est-à-dire précisément vers l'époque de ces sépultures.

XLVII

Fronton de stèle funéraire (Collection Léon Landau)

Dans l'intérieur d'un fronton de pierre calcaire, haut de 0m 39, large de 0m 80, aux plans inclinés duquel adhère encore un enduit de mortier coloré en rouge vif, on lit deux lignes d'une inscription dont la fin était probablement gravée dans un encadrement inférieur absent :

D(iis) M(anibus). M(onimentum) Accaviae Martiolae.

C'est ainsi, et non par *D(iis) M(anibus) (et) M(emoriae)* qu'il faut interpréter la première ligne, conformément à la formule suffisamment explicite, D·M·MO, de l'inscription funéraire exhumée du même terrain (*supra*, § XLIV).

Accavia est un nom rare, auquel on ne trouve à comparer que les trois formes ACCAVS, ACCAVVS et ACCHAVA, qui font également fonction de noms gentilices (1).

XLVIII

Tablette funéraire (Collection Léon Landau)

Pierre calcaire; hauteur, 0m 20; largeur, 0m 29; lettres grossièrement gravées; les L sont à base tombante; le T, à branches relevées :

MONIMENT N *et* T *liés.*
DOMITILLII

Moniment(um) Domitill(a)e. Les deux premières lettres de la deuxième ligne sont douteuses; on pourrait, à la rigueur, lire SAMITILLII; mais cette forme onomastique est sans exemple; nous lui préférons DOMITILLII. M. R. de Lasteyrie a fait observer que le commencement des lignes a peut-être été recoupé et qu'on y lisait [*D(iis) M(anibus)*] *Moniment*[*um*] *Domitill(a)e.*

XLIX

Tablette funéraire (Collection Léon Landau)

Pierre calcaire; hauteur, 0m 30; largeur, 0m 40. Les lettres sont d'un mauvais style et frustes pour la plupart; quelques-unes sont entièrement oblitérées :

D M ////// MENT N *et* T *liés.*
VM /////S LIBER
TVSV //// IOLI

D(iis) M(anibus) [*moni*]*mentum ......s, libertus V.....ioli* (?).

L

Inscription pariétaire (Collection Louis Leguay)

Un fragment de dalle en pierre de liais franc des carrières de St-Jacques, a été découvert, au commencement de l'année 1868, dans les fouilles de la rue *Gay-Lussac*, non loin du carrefour

(1) Mommsen, *Inscr. Regn. Neap.* 5379, 5965; Orelli-Henzen, 4139, 6380.

formé par la rencontre de cette rue avec le boulevard *St-Michel*, la rue *Soufflot* et la rue *Médicis* ; largeur, 0m 25 ; hauteur, 0m 23, épaisseur, 0m 11. Le bord de gauche est le seul endroit où apparaisse encore en partie le joint de la dalle, dont le pourtour est partout ailleurs brisé d'ancienne date. On y lit une inscription de trois lignes, en caractères irréguliers et incisés à main levée ; au lieu de traverse horizontale, les A sont marqués d'un petit trait vertical intérieur; le caractère II s'y montre au lieu du E carré :

IITTVS
ATIIPOMA
RVS

Les lettres de la première ligne ont une facture et une inclinaison différentes de celles des lignes suivantes ; il est visible qu'elles ont été tracées par une autre main ; effectivement, les deux T consécutifs ont leur traverse en ligne droite, tandis que celui de la deuxième ligne a ses bras relevés en fourche Il semble donc qu'on se trouve en présence des signatures de deux individus qui les ont incisées en *graffiti* sur une muraille. L'un d'eux portait un nom terminé en *ettus*, peut-être en *nertus*, car la lecture est rendue douteuse par des traits parasites ; l'autre s'appelait *Atepomarus*, nom bien connu en épigraphie lapidaire et céramique, ainsi que par deux passages de Plutarque et du Pseudo-Plutarque, 'Ατεπόμαρος. Cette dalle, recueillie par M. Louis Leguay, architecte archéologue, a été publiée par lui, dans le *Musée Archéologique*, 1875, p. 33, avec un fac-simile, art. *Inscription gallo-romaine inédite trouvée à Paris.* M. de Longpérier l'a fait suivre d'une note intitulée : *Le nom gaulois Atepomarus*, p. 37.

LI

Tablette funéraire chrétienne (Bibliothèque Nationale, sous l'escalier du Cabinet des Médailles, n° 54)

Pierre calcaire ; hauteur, 0m 42 ; largeur, 0m 52.

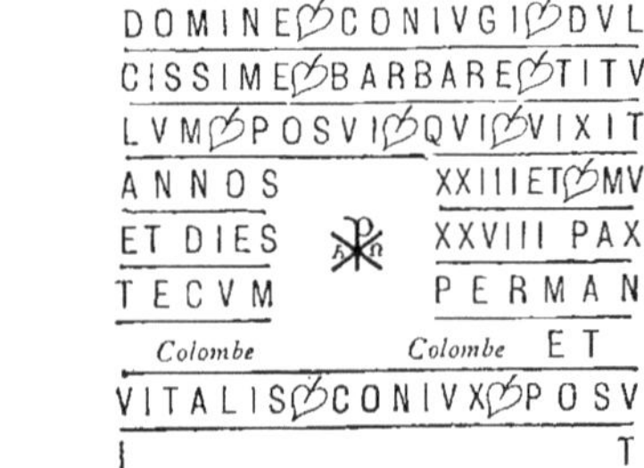
DOMINE CONIVGI DVL
CISSIME BARBARE TITV
LVM POSVI QVI VIXIT
ANNOS XXIIIET MV
ET DIES XXVIII PAX
TECVM PERMAN
Colombe Colombe ET
VITALIS CONIVX POSV
I T

C'est la seule inscription chrétienne de l'époque romaine qui ait été trouvée à Paris; elle fut exhumée en janvier 1753, dans un jardin formé sur l'ancien cimetière de *St-Marcel*, presque derrière l'église de *St-Martin-au-Cloître*. La tablette était posée sur un cercueil qui n'a pas été conservé. Dans cette épitaphe composée par Vitalis pour Barbara, sa femme, on remarquera que celle-ci est qualifiée *domina*. Vitalis avait donc été l'esclave de Barbara, et affranchi par elle avant de l'épouser. Ce texte a tous les caractères et le style du Ve siècle. Il a été publié par l'abbé Lebeuf (1), par Jollois (2), par Guilhermy (3) et par M. Edmond Le Blant (4), auquel on doit une observation intéressante, c'est que la qualification *dominus*, *domina*, s'échangeait entre époux, entre frères et sœurs, et qu'on la trouve même sur la tombe de très jeunes enfants, comme simple expression de tendresse, *domino filio*, *domina filia*. A-t-elle ici le même sens?

INSCRIPTIONS PERDUES, SUSPECTES, OU FAUSSEMENT ATTRIBUÉES A PARIS

L'historien de Paris, Sauval, qui vécut de 1620 à 1670, rapporte deux découvertes qui paraissent avoir été directement à sa connaissance personnelle, mais dont nous ne trouvons aucune autre mention contemporaine. En l'absence de tout contrôle, nous lui laissons donc la parole (5).

LII

« En 1658, proche de l'institution des prêtres de l'Oratoire, au « mois de septembre, en fouillant sur le chemin de Montrouge, à « quatre pieds dans terre, on trouva une tombe sens dessus des- « sous, longue de six pieds, large de deux et plus, et qui étoit de « pierre. Un pied plus bas se rencontra aussi un corps qui, sen- « tant l'air, se réduisit en poudre. Sur la tombe étoit gravée en « lettres majuscules romaines, bien formées et compassées, l'épi- « taphe suivante : »

(1) *Histoire de la ville et de tout le diocèse de Paris*, ch. V. cfr. *Mémoires de l'Académie des Inscr. et B. L.*, t. XXV, p. 151.
(2) *Mémoire sur les antiquités romaines et gallo-romaines de Paris*, p. 35.
(3) *Inscriptions de la France*, t. I, p. 1.
(4) *Inscriptions chrétiennes de la Gaule*, n° 202.
(5) *Histoire et antiquités de la ville de Paris*, tome II, 1733, p. 336 et p. 337.

L·GAVILLIVS
CN·F
PERPETVS
H·S·E

Lecture : *L(ucius) Gavillius*, *Cn(aei) f(ilius)*, *Perpetu(u)s*, *h(ic) s(itus) e(st)*.

Le gentilicium *Gavilius, Gavillius*, est rare, et n'apparaît guère que dans la Haute-Italie, où on le trouve (1) une fois associé au prénom *Cn(aeus)*, comme ici. Cette considération exclut la supposition que le texte rapporté par Sauval soit le résultat d'une supercherie. De son temps un faussaire n'eût pas songé à écrire *Perpetus* pour *Perpetuus*, d'après une règle familière aux seuls épigraphistes.

LIII

« En 1640 ou environ, au fauxbourg St Jaques, lors qu'on « travailloit à faire la fontaine du jardin des Carmélites, là furent déterrés quelques restes d'un mausolée, entre autres un « bas-relief de deux pieds de haut où étoit sculpté un sacrificateur « debout et à ses pieds un taureau tout près à être immolé. « Proche de là fut découvert encore un autre tombeau, où se « voyoit gravé un licteur haut de quatre pouces, vêtu d'un pal- « lium et d'un habit plissé aussi long que celui des sénateurs « romains. Dedans on trouva une fibule avec une boule et un « cornet, le tout en bronze, mais bien travaillé. Dessus se lisoit « en lettres majuscules et bien formées :

VIBIVS HERMES EX VOTO

LIV

Dans le tome XIII des *Mémoires de l'Académie des Inscriptions et Belles-Lettres*, page 433, Montfaucon déclare que l'abbé Chevalier lui avait fait don d'une inscription trouvée au bois de *Vincennes*, et qu'elle était conservée dans la bibliothèque des Bénédictins de *St-Germain-des-Prés* (2) :

COLLEGIVM
SILVANI REST
ITVERVNT M
AVRELIVS AVG
LIB·HILARVS
ET MAGNVS CRYP
TARIVS CVRATORES

(1) *C. I. L.*, tome V, n° 1235.
(2) Cfr. Martin, *Religion des Gaulois*, t. II, p. 193; Muratori, *Thes. Vet. inscr.* p. 162, n° 4 et p. 2017, n° 2 ; Orelli, n° 2407.

Personne n'a songé à révoquer en doute l'origine de cette inscription. Il y a cependant à craindre que Montfaucon n'ait été induit en erreur. En effet, on conserve à la villa Albani une inscription qui fut découverte en 1755, près de Rome (1), et dont une partie du contexte offre une similitude frappante avec celui qui nous occupe :

IMP·CAES·L·AVRELIO·COMMODO·M·PLAVTIO·QVINTILLO·COS
INITIALES·COLLEGI·SILVANI·AVRELIANI
CVRATORES·M·AVRELIVS AVG·LIB·HILARVS·ET·COELIVS·MAGNVS·CRYPTARIVS

Suit une liste de 32 noms de gladiateurs répartis, par décuries, en quatre colonnes.

Comme la découverte de l'inscription dite de *Vincennes* a précédé de plusieurs années celle de l'inscription de Rome, il est impossible que celle-ci ait servi de modèle à la confection de la précédente par un faussaire. Elle doit donc être réputée, sinon exacte, du moins authentique; mais la reconstitution du collège de Silvain qu'elle commémore, implique nécessairement qu'elle a la même provenance locale que l'inscription de Rome, à laquelle elle forme d'ailleurs un complément historique fort intéressant. On en conclura qu'elle a été rapportée d'Italie, comme tant d'autres, au dix-huitième siècle.

LV

On conserve au *Cabinet des Médailles* une urne cinéraire épigraphique que l'abbé Lebeuf avait donnée au comte de Caylus (2) comme provenant d'une fouille exécutée en 1751 pour la construction des écuries d'une maison située dans la rue *Vivienne* :

A M P V D I A E
A M A N D A E
V I X I T A N N I S X V I I
PITHVSA MATER FECIT

M. de Longpérier (3) a reconnu que cette inscription avait été publiée en 1731, (c'est-à-dire vingt ans avant les fouilles de la rue *Vivienne*), à la page 178 des *Inscr. Antiq.* de Gori, lequel la donne comme copiée par Doni dans le cabinet de Gualdi à Rome.

(1) *C. I. L.* tom. VI, 631.
(2) Jollois, *Mémoire sur les Antiquités de Paris*, p. 72 ; cf. Lebeuf, *Hist. de la ville et du diocèse de Paris;* Caylus, *Recueil d'Antiquités*, t. II, p. 273, pl. CXV, fig. 3.
(3) *Bulletin de la Société des Antiquaires de France*, 1867, p. 127.

Comment est-elle venue à Paris? Comment s'est-elle retrouvée entre les mains de l'abbé Lebeuf, dont la bonne foi est au-dessus de tout soupçon? C'est ce qui n'a pas encore été expliqué.

LVI

Au même lieu où avait été retrouvée en 1751 l'inscription précédente, on a découvert au mois d'avril 1806, en démolissant un four de la même maison, rue *Vivienne*, un bloc de marbre sculpté sur les quatre faces, et tout à fait analogue à l'urne d'*Ampudia Amanda*. On ignore ce qu'il est devenu, mais le souvenir en a été conservé par une notice de Viallart-St-Morys (1). L'inscription était ainsi conçue:

D · M
N · IVNIO
EPIGONO
CHRESTVS
LIB·PATRONO
BM DE SE

Il n'y a pas à douter que ce monument n'ait la même provenance étrangère que le précédent.

Nous tenons de M. de Longpérier, qu'il regardait comme douteux, un fragment lapidaire, avec la mention de la légion XXX, soi-disant exhumé des fouilles de la rue *Constantine*, il y a près de quarante ans, et sur lequel nous n'avons pu recueillir aucun renseignement positif. Quant aux graffiti sur plaques de plomb, publiés en 1879 dans la *Revue archéologique*, il s'est toujours abstenu d'en parler; nous ne leur donnerons donc point place ici, par la raison que nous n'y avons reconnu aucune trace de latinité ni de celticité.

INSCRIPTIONS CÉRAMIQUES

Des débris de vases en terre rouge lustrée et d'autres poteries ont été trouvées en quantités innombrables sur divers points de la ville, notamment dans les travaux d'embellissement du *Jardin du Luxembourg*, dans les sept premières années de notre siècle.

(1) *Mém. de l'Académie celtique*, tome II, p. 187; cf. Jollois, *Mém. sur les Antiq. de Paris*, p. 73.

Jollois a eu raison de mettre ces découvertes en rapport avec une manufacture de poteries qu'il démontre avoir été établie sur le plateau du *Mons Lucoticius*, aujourd'hui la *Montagne Ste-Geneviève*. Caylus est le premier qui l'ait signalée (1). En fouillant les fondations de l'église *Ste-Geneviève*, le *Panthéon* actuel, on découvrit non seulement des âtres de fours destinés à la cuisson des ouvrages, mais aussi un grand nombre de puits dépourvus de revêtement et creusés pour l'extraction des terres glaises. Sur les terrains de l'*Ecole des Mines* plus de quarante puits semblables ont été reconnus en 1862, ainsi que des fourneaux en terre, des poteries et des meules ayant apparemment servi à broyer et mélanger les terres céramiques. Il suffit de rappeler ces faits bien constatés pour écarter l'hypothèse que ces poteries provenaient du dehors, par exemple, du grand centre manufacturier de l'*Auvergne*, dont quelques archéologues voudraient rendre tributaire la cité des *Parisii*, depuis les importantes découvertes de M. le Dr Plicque, à *Lezoux*. Sans entrer ici dans la discussion du grand problême de l'industrie céramique en Gaule, nous nous croyons fondé à regarder comme de fabrication locale les échantillons de poteries épigraphiques découverts à Paris et décrits dans les paragraphes suivants.

LIX

Gourde de terre cuite (musée Carnavalet).

M. Ch. Read (2) rapporte qu'à la fin de 1867 on découvrit sur le champ des fouilles du nouvel *Hôtel-Dieu*, à l'endroit où était naguère la rue de *Glatigny*, une grande bouteille de terre cuite, en forme de gourde, gisant dans un remblai de date antique. Ce vase, de couleur brun-rouge vernissé, consiste en un tube courbé circulairement et couronné par une embouchure accostée de deux anses de suspension ; diamètre extérieur, $0^{m}23$; diamètre intérieur, $0^{m}15$. Des lettres d'environ 12 mill. sont tracées en blanc, au pinceau, de chaque côté sur le vernis, de manière à présenter deux inscriptions ; d'une part,

OSPITA REPLE LAGONA CERVESA

(1) Caylus, *Recueil d'Antiquités*, t. III, p. 402; Grivaud de la Vincelle, *Antiquités Gauloises et Romaines, recueillies dans les Jardins du Palais du Sénat, passim; Bulletin de la Société des Antiquaires de France*, 1862, p. 95 et p. 97.

(2) *Revue Archéologique*, t. XVIII, 1868, p. 225, pl. XXII; *Bull. de la Soc. des Antiq. de France*, 1868, p. 60.

d'autre part,

COPO CNODI TV ABES EST REPLEDA

La meilleure interprétation qui ait été donnée de ce texte est dûe à Wilmanns (1), lequel y reconnaissait un dialogue entre un cabaretier et son hôtesse :

(H)ospita (dicit) : reple lago(e)na(m) cervesa — copo (respondet) : cnodi (?) tu (h)abes : est repleda.

Dans cette lecture, il était inutile de corriger le mot *lagona* en *lagoena* pour *lagena* ; en effet, *lagona* est une forme orthographique autorisée par la latinité de Pline (2) et par des exemples épigraphiques (3), notamment par une inscription tracée à la pointe sur une amphore conservée au musée de *Saintes*. Comme cette dernière ne me paraît pas avoir été comprise par l'auteur qui l'a publiée (4), l'occasion est venue d'en proposer une explication :

MARTIALI SOLDA LAGONAS CLVI sous-entendu *fecit*

C'est le memento d'une commande de 156 vases pareils, exécutée par *Solda* pour le compte de *Martialis* ; je regarde *Solda* comme le nom du potier en me fondant sur l'estampille figuline |SOLD| dont il sera question plus loin. Wilmanns laisse inexpliqué le mot *Cnodi* ; peut-être faut-il lire d'un seul tenant *Cnoditu*, et en faire le vocatif du nom de l'*hospita* : *Cnoditu, (h)abes ; est repleda*. On connaît un grand nombre de noms féminins gaulois en *u : Caletiu, Materiu, Samicantu* (5), etc. Dans cette hypothèse *Cnoditu* serait de même radical que *Cnodavus* (6).

La requête, *reple lagona(m) cervesa*, rappelle singulièrement l'exclamation inscrite sur une amphore de Cologne (7), *reple me, copo, meri*. De son côté, M. Anatole de Barthélemy (8) a fait avec à-propos un piquant rapprochement entre la gourde à cervoise de Paris et le vase de Banassac, portant en lettres moulées un souhait aux buveurs, CERVESAR[*iis feliciter !*]. Peut-

(1) *Exempla Inscr. Latin.*, n° 2833 *x*.
(2) Pline, *H. N.* XVI, 31 (56).
(3) Orelli-Henzen, n° 6321 ; dans l'incription n° 714 du même recueil on rencontre la variante *laguna*, à laquelle on remonte régulièrement par le diminutif *laguncula*.
(4) Chaudruc de Crazannes, dans la *Revue Archéologique*, 1855, p. 175.
(5) *C. I. L.* t. III, 5474, 5435, 5480.
(6) *Ibid.* 6480.
(7) Brambach, *C. I. Rh.* 423, *e* 5.
(8) *Vases sigillés et épigraphiques*, p. 7 (extr. de la *Gazette Archéologique*, 1877).

être, cependant, le mot *cervesarii* signifie « brasseurs » plutôt que « buveurs de cervoise »; le vase de Banassac aurait alors été fabriqué pour une corporation ou un collége de ces industriels. Notons, aussi, que l'orthographe de *cervesa*, donnée par deux textes épigraphiques, doit être tenue en compte à côté de la forme *cervisia* qui se rencontre dans les textes d'auteurs.

Une inscription d'*Aesernia* (1) nous offre un curieux spécimen de dialogue entre une cabaretière et un voyageur réglant sa dépense : *Copo, computemus. — Habes vini sextarium; panem, assem I; pulmentarium, asses II — Convenit — Puellam, asses VIII — Et hoc convenit — Faenum mulo, asses II.* M. Bursian, frappé de la ressemblance qui existe entre cette inscription d'Aesernia et celle de la gourde parisienne, a formellement déclaré celle-ci l'œuvre d'un faussaire. Nous lui laissons toute la responsabilité de cette accusation qui se trouve consignée dans les mémoires de la Société Archéologique de Zurich (*Berichte der antiquarischen Gesellschaft*, 1868, p. 8); avant de la formuler, il eût été plus prudent et plus convenable d'examiner le monument original et de s'assurer si l'exécution matérielle de l'épigraphe était sujette à caution, comme il le prétend.

LX

Fragment d'amphore (musée Carnavalet)

Autour du col d'une portion d'amphore retirée du fond de la Seine, devant le *Pont Saint-Bernard*, on lit, en lettres assez régulières, profondément incisées et hautes de 12 à 14 millimètres, l'inscription suivante:

CABVRO COMMA

Caburo Comma (dat). Cette interprétation se justifie par l'inscription que porte le tube circulaire servant de base au triple vase de Cologne figuré dans le recueil de Brambach, nº 422,

IVSTINII IIXSVPIIRIA DONAVIT

Iustin(a)e Exsuperia donavit.

Caburus est le surnom du Gaulois *C. Valerius Caburus* qui, au dire de César, avait reçu du proconsul *C. Valerius Flaccus* le droit de cité romaine. *Comma* est un nom nouveau; il paraît être la souche du nom *Commios*, *Commius*, connu par les *Com-*

(1) Mommsen, *I. R. N.* 5078; Wilmanns, *Exempl.* 2717.

mentaires et par des légendes de monnaies gauloises. Le rapport est le même qu'entre *Cotta* et *Cottius*.

Comme l'inscription a été gravée avant la cuisson, on doit en conclure que l'amphore parisienne a été commandée au potier par *Comma* pour renfermer un présent de vin ou de cervoise destiné à *Caburus*.

LXI

Antéfixe (musée de Cluny)

C'est un fragment de tablette en terre cuite surmonté d'un fronton triangulaire à deux volutes opposées.

On y lit les lettres :

////L·S·ER

A Vienne on a trouvé l'estampille d'amphore L·SE·RVI que M. Allmer compare à deux variantes de la marque d'antéfixe, SECVNDVS RVFI F (1).

LXII

Lampes Chrétiennes (musée Carnavalet)

Le dessous d'une lampe en terre rougeâtre, provenant du *Parvis de Notre-Dame* est marqué, en creux, de la lettre A, avec barre horizontale et pieds en équerre ; le dessus porte, en relief, le chrisme ☧, formé du X et du P.

Le dessous d'une autre lampe en terre rougeâtre, trouvée dans les fouilles du nouvel *Hôtel-Dieu*, est marqué, en creux, de la lettre Λ avec trait vertical intérieur.

LXIII

Estampilles sur poteries fines à couverte noire (musée Carnavalet)

Ces estampilles sont imprimées en relief dans la partie centrale intérieure de poteries plates.

1. SOLD ; cartouche carré.
2. VCATI / VOVF ; cartouche carré partagé en deux registres.
3. CI | V / O | A ; *o-ci-v-a* : cercle partagé en cantons par quatre rayons en croix.

(1) *Inscr. Ant. de Vienne*, t. IV, p. 211 et 231.

LXIV

Estampilles sur poteries fines à couverte rouge lustrée (musée Carnavalet)

Ces estampilles sont moulées sur le pourtour de vases ornés de sujets en relief; elles sont également en relief, sauf deux.

4. IVNAB, *Banui*; lettres rétrogrades de 15 millimètres, sans cartouche. Deux exemplaires différents (1).

4 bis. OITILAC, *Caleti o(fficina)*; lettres rétrogrades incuses (2).

5. CINN////, *Cinn[ami]*; cartouche quadrangulaire.

6. GEMINI MA, *Gemini ma(nu)*.

7. IVSTI, *Justi*.

8. INRETAP, *Paterni*; lettres rétrogrades de 15 millimètres, sans cartouche.

9. MITNER, *Renti m(anu)*; lettres rétrogrades incuses; cartouche quadrangulaire.

LXV

Estampilles sur poteries fines à couverte rouge lustrée (musée Carnavalet)

Ces estampilles sont imprimées en relief dans la partie centrale intérieure de diverses sortes de poteries, bols, tasses, assiettes, etc. Elles proviennent de découvertes faites à Paris.

10. OF ABASC, *of(ficina) Abasc(anti)*.

10 bis. OF ALBANI, *of(ficina) Albani*. Ligature de A, L; autre ligature de A, N, I. Provient du jardin du Luxembourg; donné par le Dr Eugène Robert.

11. ALBINVS, *Albinus*.

12. ALBVCIANI, *Albuciani*. Les trois dernières lettres, A, N, I, liées en monogramme. (Jardin du Luxembourg; Eugène Robert).

13. /////FARDACI, [o]*f(ficina) Ardaci*. Nom gaulois.

14. ARTI, *Arti*, peut-être *Atti*, car les lettres sont frustes.

15. CN·ATEI·SO////, *Cn(aei) Atei(i) So...* Comparez l'estampille CN ATEISOLI, Harold de Fontenay, *Insc. céram.* 62.

(1) Un troisième exemplaire appartient à l'auteur; il a été recueilli en août 1881, dans les fouilles de la maison no 7, rue des Feuillantines, nouvellement bâtie sur l'emplacement des jardins voisins du Val-de-Grâce, chantés par Victor Hugo dans une ode célèbre. (Voir *Rayons et Ombres*).

(2) Les numéros *bis* proviennent d'intercalations effectuées au dernier moment.

16. ATEI XANTI, *Atei(i) Xant(h)i;* cartouche oblong à extrémités concaves.

17. ATILIANI O, *Atiliani o(fficina)*; cartouche oblong.

18. ///TILIANI O, [*A*]*tiliani o(fficina)*; cartouche oblong. (Boulevard St-Germain; Eugène Robert).

19. AVSTERINIM, *Austerini m(anu)*; cartouche oblong.

20. B!ICVRO, *Becuro*. Le C est fermé par une bavure oblique qui lui donne un faux air de ressemblance avec un Q. Nom gaulois.

21. BIILINICOS, *Belinicos*. Par suite d'une déformation, le L s'est réduit à un jambage se terminant en haut par un petit crochet tourné à gauche, en bas par un autre crochet tourné à droite, à la manière d'un S retourné. Nom gaulois.

22. OFIC·BILICATI, *of(f)ic(ina) Bilicati*. Nom gaulois.

23. BORILLI OF, *Borilli of(ficina)*. Nom gaulois.

24. OF. CALVI, *of(ficina) Calvi*. (Jardin du Luxembourg; Eug. Robert).

24 bis. CARBO F, *Carbo f(ecit)*; cartouche à extrémités mi-concaves, mi-convexes. A l'extérieur le mot *CARSARO* tracé à la pointe; nom gaulois.

25 INAITAↃ, *Catiani*; lettres rétrogrades.

26. OF CENT. Deux exemplaires.

27. CERIAL///, *Cerial*[*is m(anu)*].

28. CIMV.

29. CINTVSMI M, *Cintusmi m(anu)*. Nom gaulois.

30. CLARI///, *Clari*[*m(anu)*].

31. COTVLO, *Cotulo*. Nom gaulois.

32. CRA.

33. /////ENIS M, [*Diog*]*enis m(anu)*.

34. DONATI · M, *Donati m(anu)*.

35. M · DOVS. Comparez l'estampille C·S·C·DOVS, Schuermans, 2018.

36. FIRMO, *Firmo*. (Jardin du Luxembourg; Eug. Robert).

37. GEMINI M, *Gemini m(anu)*.

38. GENITORIS, *Genitoris*. A l'extérieur, la marque numérale *III*, en graffito.

39 G///////NETIIM.

40. OFSVTAR///, [*G*]*ratus fo*; fautif pour *Gratus fe(cit)*; lettres rétrogrades.

41. HANNA.

42. HERMA. A l'intérieur d'un cercle.

43. OF IVCVN///, *Of(ficina) Iucun*[*di*]. Deux exemplaires.

44. LAXTVCIS F, *Laxtucis f(ecit)*. Nom gaulois.

45. LICIN////, *Licin(ius)*, ou *Licin[iani of(ficina)]*.

46. OF LICN, *of(ficina) Lic(i)n(ii)*. Cartouche oblong à extrémités concaves. (Jardin du Luxembourg; Eug. Robert).

47. OF·MACCAR, *of(ficina Maccar(i)*. Cartouche oblong à extrémités demi-concaves, demi-convexes. Ligature de M, A; autre de A, R.

48. VLAM, *Malu*. Lettres rétrogrades; le A est marqué d'un trait vertical intérieur; le pied du L est fourchu. A l'extérieur, la marque numérale *V*, en graffito.

49. MARCELLI·M, *Marcelli m(anu)*.

50. MARCELLI·Y, pour *Marcelli m(anu)*.

51. /////RCELLI, *[Ma]rcelli*. Le pied des L est fourchu.

52 MAXIMI, *Maximi*.

53. MEELAVSI, *Meelausi*. Notez le redoublement du E. Nom gaulois. Comparez MELAVSVS FEC, Schuermans, 3493.

54. FOOCREM, *Merco fo*, pour *Merco fe(cit)*. Lettres rétrogrades. Nom gaulois.

55. OF MONTC///, *of(ficina) Monto(nis)*. A l'extérieur, le mot incomplet *RIIG///*, en graffito. Nom gaulois.

56. OF·MVR, *of(ficina) Mur(rani)*. Ligature de M, V. (Jardin du Luxembourg; Eug. Robert).

57. PASSIEN, *Passien(i)*; deux exemplaires. (Jardin du Luxembourg; Eug. Robert).

58. PATERCLI M, *Paterc(u)li m(anu)*.

59. PATIIRNI M, *Paterni m(anu)*.

59 bis. OF·PATE, *of(ficina) Pate(rculi)*, ou *Pate(rni)*, ligature de T, E.

60. PRI·M, *Pri(mi) m(anu)*.

61. PRIMI·M, *Primi m(anu)*. Ligature des lettres I, M, I, en monogramme.

62. OF PRIM, *of(ficina) Prim(i)*.

63. OF PRIMI, *of(ficina) Primi*.

64. OF·PRIMI, *of(ficina) Primi*.

65. ////////MI, *[of(ficina) Pri]mi*. A l'extérieur, le mot incomplet *TIIR V////*, en graffito.

66. PROCLIANI M, *Procliani m(anu)*. Le pied du L est fourchu; le N rétrograde.

67. SACIRO, *Saciro*. Nom gaulois.

68. SACRAPVS, *Sacrapus*. Nom gaulois. A l'extérieur, la lettre *N* rétrograde, ou peut-être un *M* incomplet, en graffito.

69. SEC//////, *Sec[undus]*.

70. OFS.·.CVN/////, *of(ficina Secun[di]*. Estampille répétée deux fois sur le même fond.

71. SENICI/////, *Senici[onis]*.

72. C·SER / O CEF (en deux lignes) pour *C(aii) Ser(torii) Ocel(lae)*. En deux lignes dans un cartouche carré; F fautif, pour L. Cette estampille est répétée quatre fois sur le même fond, de manière à former un quinconce. Comparez l'estampille trouvée aux environs de Naples, C·SERT·OCEL, Schuermans, n° 5131.

73. OF SEVER, *of(ficina) Sever(i)*.

74. S·IIVIIRI·E, pour *Severi m(anu)*, ou *o(fficina)*; E fautif, pour M ou pour O.

75. SILVINI M, *Silvini m(anu)*.

76. SINTVRV·A////. Comparez les estampilles SINTVRNV et SINTVRO·FII, Schuermans, 5266 et 5267. Provient de la *Cité*, 1864.

77. SOLINI·OFI, *Solini of(f)i(cina)*.

78. IITI MA, pour *Titi m(anu)*; à moins de lire comme un seul mot, ETIMA.

79. ////VIRIODACI, *[of(ficina)] Viriodaci*. Nom gaulois.

80 OF·VITA, *of(ficina) Vita(lis)*.

81. C////// / PH//// (en deux lignes) Débris d'estampille; cartouche carré.

82. ////////RM·SCO. Débris d'estampille. A l'extérieur, la marque numérale *IIII*, en graffito.

83. ///////////////. Estampille absente par cassure. A l'extérieur, le nom incomplet *MACCIIV//////*, en graffito.

Dans l'estampille //////RM·SCO, les trois dernières lettres semblent, à raison du point séparatif, constituer le commencement d'un mot inexpliqué. Elles se montrent aussi, mais sans point séparatif, sur une estampille PRIMISCO conservée au *musée de St-Germain*, sous le n° 10990; faut-il lire *Primisco*, comme un nom ou *Primi sco(la)*, en donnant à ce dernier mot le sens d'atelier d'apprentissage? Mais cette acception insolite aurait besoin d'être confirmée par des exemples plus certains. Quoi qu'il en soit, la mutilation de l'estampille //////RM·SCO particularise celle-ci de telle façon, qu'en la rencontrant exactement sous la même forme dans le catalogue de vente de la collection Raifé (1), sous le n° 1442, on ne peut s'empêcher d'y reconnaître le même exemplaire que celui du musée Carnavalet. Par induction, on est fondé à étendre une identification analogue à la plupart des autres

(1) Fr. Lenormant, *Description des Antiquités composant la collection de feu M. A. Raifé*, 1867, p. 157.

poteries rouges inscrites dans le lot des n°s 1431-1445, comme provenant des fouilles de l'église Ste-Geneviève; comparez son n° 1431, OFIC·BILICATI, à notre n° 22 ci-dessus; et ainsi de suite, CATVSF, rétrograde, à notre n° 40; CINTVSMIM à notre n° 29; DONATIM à notre n° 34; MERCOFC, rétrograde, à notre n° 54; PATERCII MA à notre n° 59; PH///// à notre n° 81; les deux OF PRIMI et PRIMI MA à nos n°s 62, 63, 64; /////CELLI à notre n° 51. Le lot Raifé parait donc être venu enrichir le *musée Carnavalet* (1).

Le volume de l'*Histoire du Travail*, rédigé par M. de Longpérier pour le *Catalogue Général de l'Exposition Universelle de 1867*, contient, à la page 74, sous le numéro 1039, un lot de poteries appartenant au Dr Eugène Robert, et provenant du jardin du Luxembourg, très probablement en 1862. Ce lot, est ainsi décrit: PATRICI — OF·MVR — OFPASSENI — COTVLO — OF MONT — ALBVCI — ATTI — AVSTERINIM — OFALBANI — M PRIMI — OFPRIM'— PASSIEN. Quelques-unes de ces poteries ont été données au musée Carnavalet par le Dr E. Robert; elles ne doivent donc pas faire double emploi avec nos numéros 10 bis, 12, 14, 19, 31, 55, 56, 57, 62.

LXVI

Estampilles sur poteries fines à couverte rouge lustrée (musée de St-Germain)

Ces estampilles proviennent des travaux de voirie exécutés, à Paris, depuis quelques années; elles sont respectivement cataloguées, au musée, sous les n°s 10966, 9970, 9968 et 11014.

84. AESCN/// LICOIDI | *Aescn...Licoidi* (?) En deux lignes.

85. ATEI, *Atei.*

86. CERIALI·M, *Ceriali(s) m(anu).*

87. /////ALLEDO·F, [*M*]*alledo f*(*ecit*); cfr. Schuermans, 3207.

LXVII

Estampilles sur poteries fines à couverte rouge lustrée (musée de Cluny)

Les poteries que nous décrivons proviennent de Paris et ne sont pas cataloguées (2).

(1) Pendant la correction des épreuves, je reçois de M. Jules Cousin, conservateur de la bibliothèque et du musée historique de la Ville, une lettre par laquelle il veut bien m'informer que cette série de poteries a été effectivement acquise à la vente Raifé.

(2) Nous omettons à dessein celles qui proviennent de Poitiers et d'Orange, inscrites au catalogue de 1881, sous les n°s 7838, 8184, 8185, 8188, 8200, 8202, 8206, 8207.

88. CALVAI, sans doute pour *Calvus f(ecit)*, avec un V renversé.

89. CRIIS, *Cres(ti)*.

90. MAXM//AN, *Max(i)m(i)an(i)*, avec un N rétrograde.

91. ///////ESTM, [*Mod*]*est(i) m(anu)*.

92. REGVLVSF, *Regulus f(ecit)*. Trouvé dans le palais même des Thermes.

LXVIII

Estampilles sur poteries fines à couverte rouge lustrée (collection Emile Egger)

Ces poteries proviennent des fouilles exécutées en 1862, dans les terrains de l'*Ecole des Mines*. Elles ont été publiées par M. Egger, membre de l'Institut, dans le *Bulletin de la Société des Antiquaires de France*, 1862, p. 98.

93. A / ꟻ O Ǝ / Ǝ — les quatre lettres AMEF sont disposées en cercle autour d'un O central ; comparez l'estampille AMECF, Schuermans, n° 270.

94. AMIOCO. Peut-être *Antioc(hi) o(fficina)*.

95. ARD, *Ard(aci)*.

96. ARDACI, *Ardaci*.

97. ATEC / NVD Inscription en deux lignes ; peut-être fausse lecture de l'estampille ATEI—EVHOD, Schuermans, n° 539.

98. CAXTOC. Peut-être fausse lecture de LAXTVC[*is f*].

99. FELIC, *Felic(is)*.

100 IENT. Peut-être fausse lecture de RENTI, Schuermans, n° 4656.

101. MARIVS, *Marius*.

102. OPAON. Peut-être pour *O(fficina) Passen(i)* ?

103. PRIMI, *Primi*.

LXIX

Estampilles sur poteries fines à couverte rouge lustrée (collection Léon Landau)

Ces poteries ont été découvertes en 1878, par M. *Léon Landau*, dans les fouilles de la *rue Nicole*, et publiées par M. Robert de Lasteyrie, dans la *Revue Archéologique*, XXXV, 1878, p. 380-383.

104. ANDILLI·M, *Andilli m(anu)*. Le nom gaulois *Andillus* est à la base du nom du lieu *Andilliacum* auquel correspondent les formes modernes *Andillac*, *Andillé*, *Andillié*, *Andillou* et *Andilly*.

105. AVENTINI·M, *Aventini m(anu)*.

106. CELERI M, *Celeri m(anu)*.

107. CERTAI·M, pour *Cerial(is) m(anu)*; cfr. notre nº 27 ci-dessus.

108. DACCII M, *Daccii m(anu)*. Nom gaulois.

109 IMPRITO, *Imprito* Nom gaulois.

110. LAXTVCISF Cfr. notre nº 44, ci-dessus.

111. MATTI·M, *Matti(i) m(anu)*. Nom gaulois, d'où le nom ethnique *Mattiaci*.

112. TITVS FECIT, *Titus fecit*.

113. VAGIRV, *Vagiru*. Nom gaulois.

114. VINDICILI, *Vindicili*.

115. ///////////. Sans estampille épigraphique; à l'extérieur, le nom *DECMINI*, en graffito.

LXX

Inscription sur verre (collection Léon Landau)

Une petite tasse en verre jaunâtre, sur laquelle se détachent, en émail blanc, trois lettres séparées par des points triangulaires, provient des fouilles de la rue *Nicole*, en 1878. (R. de Lasteyrie, *loc. cit.*)

A▾V▾E

116. *Ave*. C'est la formule du salut, ou du souhait favorable. On la trouve sur des vases de terre à légendes peintes, et sur des poteries estampillées, lampes, bols, etc. Les lettres des légendes et devises céramiques sont fréquemment séparées par des points.

LXXI

Estampilles des poteries rouges recueillies par Grivaud de la Vincelle, dans les fouilles du Jardin du Luxembourg

L'inventaire des estampilles que nous venons de donner dans les paragraphes précédents n'est sans doute pas complet et ne saurait l'être, car les collections particulières peuvent recéler d'autres échantillons dont le nombre s'accroît de temps à autre par des découvertes qui passent inaperçues et qui, malheureusement, perdent ainsi leur certificat d'origine. La plus importante collection, celle de *Grivaud de la Vincelle* (1), a été dispersée à sa mort, en 1820; les planches qu'il avait fait graver dans un ouvrage spécial (2) permettront peut-être de rétablir l'identification

(1) Dubois, *Catalogue des Antiquités qui composent la collection de feu M. Grivaud de la Vincelle*, 1820, p. 41, nºˢ 202, 203, 206.

(2) *Antiquités Gauloises et Romaines trouvées dans les jardins du Palais du Sénat.*

de quelques-uns de ces vases ou de fragments appartenant à la fameuse trouvaille du *Luxembourg;* mais cette publication, devenue rare, n'est pas facilement accessible aux personnes privées du secours des grandes bibliothèques. On nous saura donc gré de dresser ici la liste alphabétique des estampilles parisiennes que Grivaud y a consignées, et de celles qu'il a ajoutées dans son *Recueil des Monuments Antiques.*

Estampilles moulées à l'extérieur. — IVST///. — ILLIVAP, rétrograde — VOLVSI///.

Estampilles moulées à l'intérieur. — ABV ∽ O, *Abuso*; s couché. — OFAIDAO, *Of Ardac?* — AIOI, *(M)aior(is)?* — ALB, *Alb(inus)* — AMAI, *Amat(i)?* — ANNA, ligature. — ANVNI·M — APVIEF, *Apulei?* — OARDN, *O(fficina) Ardaci?* — ASCI — ATEI — ATEI — ATIII, *Atei*; *e* archaïque; cartouche en forme de plante de pied droit — ATEI ‖ EVHOD, pour *Atei Evhodi*; en deux lignes — ATEI MA·B, mauvaise lecture pour *Atei Xanthi*, en lettres liées — ATIIOPIAT, pour *Atei Optati*; en cercle — ATEP — ATEPOMA — AVCISSA — AVLI — AV·S, *s* rétrograde — BASSI — OF BASSI — BELINICCI — OFIC·BILICATI — OILIBCIFO, *ofic Bilic(ati)*, rétrograde — //ORILL, pour (B)orill(i) — CANAI M — CCIPRAM — CEIS, pour *Cels(i)* — OF CELADI — CENTORF — CERIALI — CLOVII — ///OBNIIR, pour *(C)obner(tus)* — CRESTIO — CROBI ∽ O, p. ê. pour *Strobili o(fficina)* — CVCAVM, pour *Cucali m(anu)* — DARSAF — DECMI·MA — DOCCALI — DOCCIVSI, *Doccius f(ecit)* — DOMITVS T, pour *Domit(i)us f(ecit)* — ERIICAII — ///IICARV — OFFEICIS, *of(ficina) Felicis* — GALLIO — GF MF — OFF GER — OF GERM — ///RMANI, *(Ge)rmani* — HERMA — IANVRIS, *Janu(a)ris* — ICOCOI; comparez ICVCOFECI, Schuermans, 2588 — ICVSISI, *(...)icus fec ?* — IERAF — I·IX·I — IRIIS — LEGITM·O, *Legit(i)m(i) o(fficina)* — LH//// — LICN/// — OF LICN — OF LICNI — ////ICNV, *(L)icnu(s)?* — LIECDI ‖ CALVID, *L. Clodi Calvi o(fficina)?* en deux lignes — L·T·C — LVGIITVS — LVPI M — MACIIR — MACRAS, pour *Maccar(i)* — OF MACCA — MAE — MAMB — MAMIL·CROESI — MAPILII — MASCVLVS — MASSSA — MAXIMI — MA:IIANVS, *Ma(xim)ianus* — MENA ‖ AVILI, en deux lignes — L·MESSENIVS MENOPILVS, en quatre lignes, sans indication des alinéas — MOM — OF MVR — NESTOR FEC — OF NIGR — NL COLL — NOVA — OICITVIS — PAIMN — SSAP, *Pass(ieni)*, rétrograde — PASSI, *Passi(eni)* — ONSSAP, *Pass(ie)n(i) o(fficina)*; rétrograde — PATAGATVS F·ANNI, *Pa(n)tagat(h)us f. Anni* — PATERNI — PECVLIARIS — PHERT, mauvaise lecture de *Herto*, Schuermans, 2500 — PISTILLI·MA — PONT — OF PRIM — PRIMI O — PRIVA, *Priva(ti)* — RANŒ — OFRVCIN/// SABINN// — C·SAI/// — SCAEIN, en cercle — SCOTINVS — SCOINS, pour *Scotius* — OF SECVN — SECVNDINI — SECVNDINVS — L·SEMPF — SENTI

— SEVERI — OF SEVERI — OF SEVERI — SOIINI·OFI, *Solini ofi(cina)* TOCCAF — VILV — VIOINI·M, probablement *Vicini m(anu)*; nom omis dans la nomenclature de Schuermans — OF VITAL — OF VITALIS — VOLVS·FE — XANI, *Xant(hi)* — XANTHI, en cercle.

Résumé

Le petit *Corpus* épigraphique de la cité des *Parisii*, actuellement mis à la disposition des archéologues, se compose de 51 monuments lapidaires et de 120 inscriptions céramiques, en tout 171 pièces, dont la lecture vérifiée récemment par moi peut encore être contrôlée, sans compter 3 inscriptions et 118 estampilles connues seulement par des copies d'auteurs. Quant aux cachets d'oculistes romains auxquels on a longtemps donné la dénomination impropre de *lapis parisiensis* avec des numéros (1) d'ordre de 1 à 7, nous nous sommes assuré qu'aucun d'eux n'avait été exhumé à Paris. Cette dénomination, destinée simplement à rappeler, non le lieu réel de la découverte, mais celui où ils ont été signalés ou mis en circulation pour la première fois, fût-ce chez un marchand d'antiquités, expose à de fâcheux malentendus; le Dr Grotefend, notamment, s'y est laissé tromper dans son livre *Die Stempel der rœmischen Augenærzte*, nos 31, 33, 40, 77, 98, 104.

(1) Sichel, *Nouveau recueil de pierres sigillaires d'oculistes romains*, p. 50.

SUPPLÉMENT

LVI *(bis)*

Inscription perdue et erronément attribuée à Angers (1)

Dans un opuscule intitulé *Antiquariae suppellectilis portiuncula* (2), Paul Pétau, conseiller au parlement de Paris, nous a transmis quelques détails intéressants sur une sépulture romaine qui fut découverte de son temps dans la rue de la Tixéranderie. Le dessin qu'il en a donné, pl. XII, représente deux squelettes couchés côte à côte, ayant chacun à la main droite une monnaie romaine de bronze, et au bras, un anneau de même métal; à leur côté droit étaient placées une fiole de verre, une cuillère de corne, des poteries diverses, entre autres une patella samienne estampillée SECVNDI·M (V et M retournés de bas en haut); à leur tête une pierre portant une inscription. Au surplus, voici l'annotation curieuse qui accompagne ce dessin :

« Alia istaque praegrandia ossa cum lapide, ferculis, cumque
« numismatis et brachiali aeneis arena obruta in Ioannis Amalrici
« Francicorum exercituum censitoris aedibus quae pars veteris
« domus Andegavensium comitum fuere, quasque ille Parisiis
« in vico Textrinario a fundamentis reparabat anno Dni 1612
« reperta sunt. — Est hic lapis pedem long. et lat. bessem

D M M
P ATTILIVS P
PARTHICI F

« — En juxta vitream lachrymarum urnulam minutum

(1) Cette inscription, omise par mégarde dans le cours de mon travail, devait y prendre place après le § LVI.

(2) Réimprimé par Sallengre dans le tome II de son *Novus thesaurus antiquitatum romanarum*, p. 1018.

« cochlear corneum quo exceptae lachrymae in ampullam « mittebantur.

« — Erat haec armilla aerea in radio brachii superiore.

« — Samii hujus vasis est inscriptio SECANDIW.

« — Numi qui ad dexteras sceleti hi sunt:

« 1° NERO CAESAR AVG GERM IMP — PACE P R « VBIQ PARTA IANVM CLVSIT.

« 2° D N MAGNENTIVS P F AVG — SALVS DD NN AVG ET CAES; *exerg.* PTR; *in area,* ☧ ».

Sauval, né en 1620, c'est-à-dire huit ans après la découverte, paraît avoir vu les objets dont elle se composait, car, aux détails du récit de Pétau, il ajoute (1) qu'elle eut lieu vis-à-vis de la rue du Mouton, que les squelettes étaient contenus dans deux grands coffres de pierre et que l'inscription fut ensuite scellée dans le gros mur du logis de Jean Amaury.

D'après les indications que je dois à l'obligeance de M. Jules Cousin, le lieu de la découverte n'est autre que le terrain sur lequel a été bâti l'îlot de maisons compris aujourd'hui entre la rue de la Verrerie, la rue du Renard, la rue du Temple et la portion de la rue de Rivoli qui longe la place de l'Hôtel-de-Ville, et dont la construction a emporté la façade Nord de l'ancienne rue de la Tixéranderie, au débouché de celle du Mouton. La maison portant le n° 68 de la rue de Rivoli, correspond à l'endroit où l'inscription avait été exhumée; quant au *gros mur du logis* où elle fut ensuite encastrée, il a sans doute été détruit, en sorte que nous devons la considérer comme perdue.

Il faut remarquer que c'est la seule inscription qui ait été authentiquement découverte sur la rive droite; son gisement constitue, au Nord de Lutèce, comme les sépultures de la rue Nicole, au Sud, et celles du cloître St-Marcel, vers l'Est, une limite importante pour la topographie suburbaine de l'antique cité. On notera aussi cette singulière circonstance d'une monnaie de Magnentius, au monogramme du Christ, trouvée dans la main d'un défunt mis sous la protection des dieux Mânes. Cette monnaie est de l'an 351, c'est-à-dire de la même époque que le bronze de Décentius trouvé dans les sépultures de la rue Nicole, sur lesquelles se lit la formule funéraire *D(iis) M(anibus) M(emoriae)*, la même que sur l'inscription de l'hôtel d'Anjou. La date de 1612, assignée par Pétau à la découverte de cette dernière, doit être fautive, car l'opuscule où il en parle était déjà imprimé dès

(1) *Histoire et Antiquités de la ville de Paris*, t. II, p. 336.

1610, si l'on s'en rapporte au millésime placé au bas de la page de titre.

Dom Martin a reproduit dans son livre de *La Religion des Gaulois* (t. II, p. 333) le récit du magistrat-antiquaire ; mais en paraphrasant le texte latin de son auteur, il lui est arrivé de commettre une véritable bévue ; il s'est figuré que les mots *domus Andegavensium comitum* s'appliquaient à la résidence des comtes d'Anjou à Angers : « C'est, dit-il, un autre tombeau découvert, en 1612, à Angers, dans une maison qui avait fait partie du palais des anciens comtes de cette ville». Bimard paraît avoir partagé cette erreur et avoir contribué à la propager jusqu'à nos jours ; en effet, Muratori a enregistré à deux reprises l'inscription dans son *Thesaurus*, la première fois (p. III, n° 9), avec l'annotation *Andecavis*; *misit Bimardus*; la deuxième fois (p. 2094, n° 10), avec cette autre annotation, *Iuliomagi, nunc Angers ; ex auctore libri Relig. Gallor*. A son tour, Muratori a induit en erreur M. de Longpérier, lorsque ce dernier lui a emprunté le même texte épigraphique pour en faire usage dans son mémoire sur l'*Introduction des noms perses dans l'Occident et particulièrement dans la Gaule*. (*Rev. Arch.* 1849, p. 95).

Muratori a publié divers autres monuments épigraphiques, latins et grecs, qui avaient été transportés à Paris, mais dont il n'a pas indiqué la provenance étrangère. On serait donc exposé à les attribuer erronément à Paris, d'après les annotations du célèbre épigraphiste, si l'on n'y prenait garde. Je les signale ici d'une manière sommaire.

Son n° 10, p. 62, provient de Rome ; voir *Corp. Inscr. Lat.* t. VI, 311.

Le n° 6, p. 919, provient de Rome ; *C. I. L.* t. VI, 8555 ; se trouve à la Bibliothèque Nationale.

Le n° 3, p. 1011, provient de Rome ; *C. I. L.* t. VI, 8592.

Le n° 3, p. 1429, provient de Rome ; *C. I. L.* t. VI, 10554.

Le n° 2, p. 1515, provient de Rome ; *C. I. L.* t. VI, 8171 ; se trouve au musée de Berlin.

Le n° 4, p. 1750, provient de Florence.

Le n° 5, p. 1450, provient de Langres.

Le n° 4, p. 1766, provenance inconnue ; se trouve à la Bibliothèque nationale.

Le n° 10, p. 1564, provenance inconnue.

Le n° 3, p. 126, provenance inconnue.

Le n° 15, p. 1628, et le n° 10, p. 1538, étaient entrés au cabinet de Pétau, qui n'en indique pas l'origine.

Le n° 8, p. 1309, provient d'Athènes ; passé dans la collection Pembroke ; voir *Corp. Insc. Graec.* 926.

Le n° 13, p. 1713, provient d'Athènes; se trouve au musée du Louvre.

Le n° 4, p. 1644, provenance incertaine; *C. I. Gr.* 6895.

Nous ne quitterons point l'étude des inscriptions de Paris, sans revenir sur quelques-unes des questions précédemment traitées, pour les compléter par des observations que nous avons pu recueillir depuis lors.

C'est, tout d'abord, une nouvelle interprétation de l'inscription tracée au pinceau sur la gourde en terre cuite conservée au musée Carnavalet. La notice de cette inscription, qui a fait le sujet de notre paragraphe LIX, dans le *Bulletin Epigraphique,* 1882, p. 110, est tombée sous les yeux de M. Mommsen et nous a valu de lui l'honneur inattendu d'une communication trop intéressante pour que nous n'en fassions point profiter nos lecteurs.

« Monsieur, ayant lu avec intérêt votre publication sur les « inscriptions de Paris, je me permettrai d'ajouter, qu'à mon « avis, vous n'avez point protesté assez énergiquement contre « l'accusation de faux formulée par M. Bursian, à propos de la « gourde très curieuse portant les deux inscriptions

— OSPITA REPLE LAGONA CERVESA —

— COPO CNODITV ABES EST REPLEDA —

« Il n'est pas nécessaire non plus, à mon avis, d'examiner « l'original pour se convaincre qu'il est effectivement antique. « Quiconque est familiarisé avec l'orthographe et la *cacographie* « anciennes rejettera même la possibilité d'une fraude moderne. « *Cervesia* est la véritable forme confirmée par le texte florentin « du Digeste, par les bons manuscrits de Pline et surtout par « l'Edit de Dioclétien (1). Je voudrais bien connaître le faussaire « moderne capable de la contrefaire aussi savamment. Quant à « *lagona*, c'est, ainsi que *lagoena,* une variante de *laguna.* Mais, « tant l'une que l'autre, elles ont été usitées anciennement, tandis « que l'orthographe vulgaire s'est arrêtée à *lagena.* En outre, la « suppression de *h,* de *m,* de *n,* précisément là où l'écriture populaire les omet, décèle l'orthographe corrompue du IIIe ou du IVe « siècle, qu'aucun faussaire moderne n'aurait eu l'idée d'imiter « avec tant de perfection.

« Quant à l'interprétation du texte, je ne suis pas aussi complé-« tement que vous de l'avis de Wilmanns. Je pense qu'il y a

(1) *C. I. L.* t. III, p. 827, l. 21.

« répétition, avec quelques différences, de la demande de verser « à boire adressée, d'une part à la fille de comptoir, *ospita*, d'au-« tre part à l'aubergiste, *copo*. La première demande est claire, « *(h)ospita, reple lagona(m) cerves(i)a*. Dans la seconde il faut, « à mon avis, corriger en CONDITV*(m)* le mot CNODITV qui « n'a aucun sens; les transpositions de ce genre ne sont pas rares « dans les inscriptions sur briques et sur poteries. En consé-« quence, on devra lire ainsi : *copo, conditu(m) (h)abes* ; *est* « *reple(n)da* et non *repleta*, comme le proposait Wilmanns ; ce « qui se traduirait de la manière suivante : Cabaretier, tu as la « avec pleine; remplis la bouteille.

« Dès l'abord, j'ai rejeté l'interprétation de Wilmanns, parce-« qu'à ma connaissance il n'y a aucun exemple, en dialogue, des « mots *dicit* et *respondet* qu'il conjecture. On trouve quelque-« fois sur les épitaphes un *dico* ou un *dicit* (*C. I. L.* V, p. 1208, « à l'index ; VIII, p. 1111); mais jamais dans les dialogues entre le « défunt et le passant. Cette annonce du personnage parlant « appartient en propre aux scènes dialoguées de la comédie.

« Vous pouvez faire de cette note l'usage qui vous paraîtra « bon.

« Croyez-moi, Monsieur, etc.

« Mommsen ».

Toutes les difficultés de ce petit problème épigraphique nous paraissent résolues par l'ingénieuse explication de M. Mommsen ; il ne nous reste qu'à y souscrire en le remerciant sincèrement pour sa courtoise communication.

Revenons maintenant à l'autel étudié dans notre § I, et portant l'inscription :

TIB · CAESARE ·
AVG · IOVI · OPTVM
MAXSVMO · //////
NAVTAE · PARISIACI
PVBLICE · POSIERV
N*t*

Nous avons conjecturé que les trois personnages barbus, en armes, sculptés sur la façade opposée, sous l'inscription EVRISES, représentent peut-être des *seviri seniores*, suivis des *seviri juniores* sous les traits de trois guerriers imberbes se dirigeant en corps vers la cérémonie de la dédicace. Si notre hypothèse est fondée, il y aurait à faire un rapprochement entre ce tableau et un remarquable passage de l'inscription gravée sur le célèbre autel de Narbonne, par lequel nous apprenons que le sacrifice annuel en l'honneur de la divinité d'Auguste avait pour desservants trois chevaliers romains *a plebe* et trois affranchis. Cette inscription est très longue (1) ; il suffit d'en transcrire ici, en caractères courants, les premières lignes dans lesquelles nous croyons reconnaître quelque analogie avec l'autel parisien.

T. Statilio Taur[o], L. Cassio Longino co(n)s(ulibus), X k(alendas) octobres.

Numini Augusti votum susceptum à Plebe Narbonensium in perpetuom, quod bonum, faustum felix que sit Imp(eratori) Caesari, Divi f(ilio), Augusto, p(atri) p(atriae), pontifici maximo, tribunicia potestate XXXIII, Conjugi, Liberis Gentique ejus, Senatui Populoque romano, et Colonis Incolisque C(oloniae) J(uliae) P(aternae) N(arbonis) M(artii), qui sé Numini ejus in perpetuum colendo obligàverunt, Pleps Narbonensium, àram Narbone in foro posuit, ad quam quot annis VIIII kalendas octobres, quà die eum saeculi felicitas orbi terrarum réctorem édidit, tres equites romani à plebe et tres libertini hostias singulas inmolent, etc.

Comparez le groupement des six *Eurises* parisiens trois à trois avec la division ternaire des six desservants de l'autel de Narbonne en trois chevaliers romains (*a plebe*), et en trois affranchis, dans lesquels Orelli reconnaissait les plus anciens membres d'un collège qui se transforma plus tard en sévirat augustal.

Entre les deux inscriptions, il existe aussi un point de similitude fort important à constater : chacune d'elles débute par une date, avec cette différence que les Narbonnais, déjà façonnés aux usages romains par une assimilation de plus longue durée, datent par les noms des consuls en exercice, tandis que les rudes bateliers de la petite cité insulaire ne connaissent encore d'autre éponyme que l'empereur régnant ; on ne doit donc pas s'étonner qu'à cette époque ils aient conservé leur coutume nationale d'assister en armes à la cérémonie solennelle du sacrifice à Jupiter (2).

L'autel de Narbonne ayant été érigé dans le forum de cette ville, on en conclura, par analogie, qu'il en a été de même pour l'autel parisien ; ceci expliquerait d'une manière satisfaisante pourquoi tant d'autres monuments religieux ont été découverts au mê-

(1) Gruter, p. 229 ; Orelli, n° 2489 ; Herzog, *Gall. Narb. hist. app.* n° 1 ; Lebègue, dans la *Revue Archéologique*, XLIII, 1882, p. 77.

(2) L'antique usage, pour les hommes libres, de se rendre en armes aux assemblées publiques, s'est conservé jusqu'à nos jours dans un canton suisse ; à Appenzell, les citoyens s'assemblent au lieu du vote électoral, avec une épée portée bourgeoisement dans la main ou sous le bras, à défaut de ceinturon pour la suspendre au côté.

me lieu. C'est donc au chevet de la cathédrale de Paris qu'il faut placer le forum de Lutèce. La réunion de tant d'effigies divines en ce lieu était sans doute une sorte d'imitation de celle des *Dii Consentes* dans le forum romain.

Ces monuments, d'un intérêt exceptionnel, nous apparaissent comme les plus anciens témoins de l'installation du culte des dieux romains, admettant l'association des divinités indigènes, au cœur de la Gaule celtique.

Quant au culte de Rome et de l'Empereur, dont le siège était à Lyon, et dont on a retrouvé des monuments ressortissant à plus de vingt cités des trois Gaules, il en est un que la cité des Parisii nous semble aussi pouvoir revendiquer pour son compte.

A notre paragraphe XXXIX se trouve rapporté un fragment épigraphique d'une importance bien plus grande qu'on ne l'a cru :

//////////FIL SACER//////////
//////// PARI//////////

Ce qui fait que le véritable caractère de cette inscription a été méconnu, c'est que le mot SACER, soit complet, soit à compléter en SACER[DOS], y a toujours été regardé comme le cognomen d'un personnage dont la filiation, le gentilicium et le prénom devaient être gravés sur un bloc absent à gauche. Telle est en effet la règle dans l'énoncé des dénominations d'un citoyen romain ; mais il s'en faut de beaucoup qu'elle ait été rigoureusement observée dans les provinces, et l'on connaît de nombreux exemples dans lesquels la filiation se présente, non pas avant, mais immédiatement après le cognomen du titulaire. En voici deux exemples choisis à dessein parmi les inscriptions relatives aux prêtres de l'autel lyonnais des Trois-Gaules. Sur l'un, on lit, *C. Servilio Martiano, Arverno, C. Servilii* [*Domiti filio, sacerdoti ad templum Romae et Augustorum, tres provinciae Galliae* (1) ; sur l'autre, *in honorem domus Augustae,* .... *Celeris f*[*ilius*), *sac*(*erdos*) *Rom*(*ae*) *et Aug*(*usti*), *camp*(*um*) *et piscinam Mediomatricis et advenis dedit* (2).

Sur le modèle de ces deux textes et d'autres analogues, on peut, avec une grande probabilité, restituer l'inscription parisienne de l'une des manières suivantes :

...*fil*(*ius*), *sacer*[*dos Romae et Augusti*] ......*Pari*[*siis dedit*] ou bien,

...*fil*(*io*), *sacer*[*doti ad templum Romae et Augusti, civitas*] *Pari*[*siorum*].

(1) De Boissieu, *Inscr. Ant. de Lyon*, p. 86.
(2) P. Ch. Robert, *Epigraphie gallo-romaine de la Moselle*, 2e fasc. p. 191, pl. VI, f. 5.

CONCLUSIONS MYTHOLOGIQUES

Les considérations par lesquelles débutait notre travail ont jeté un nouveau jour sur l'interprétation des autels gallo-romains de la Cité, mais les développements auxquels nous avons été entrainé n'ont point épuisé la discussion (1); il nous sera certainement pardonné d'y rentrer après un intervalle de deux ans, et de présenter le résultat de nos dernières réflexions sur les questions de mythologie liées à l'étude épigraphique de ces monuments.

Revenons donc à l'autel des Trois-Dieux décrit dans notre paragraphe II et montrant, sur la façade principale, le portrait de Jupiter sous l'inscription IOVIS. Aux exemples précédemment cités de ce nom au nominatif, que la forme plus populaire *Jupiter* a presque fait oublier, il y a lieu d'ajouter celui de la légende IOVIS AXVR, au revers d'un denier peu rare de C. Vibius C. f. C. n. Pansa (Cohen, *Descr. génér. des monn. de la rép. rom.*, pl. XLI, nº 15).

Sur la façade opposée est sculptée un taureau que des observateurs superficiels se sont imaginé comme un être fabuleux faisant corps avec trois cigognes et, pour cette raison, dénommé *Tarvos Trigaranus* par ses adorateurs gaulois. Cependant la housse traînante, *dorsuale*, dont il est revêtu, le désigne indubitablement comme une victime parée pour le sacrifice ; un pareil accoutrement suffit pour lui enlever le caractère mythologique qu'on s'est plu à lui attribuer par une pure conjecture dénuée de toute preuve. Il semble aussi qu'en le plaçant sur la façade opposée au portrait de Jupiter l'artiste a intentionnellement signifié que c'est bien à ce dieu que s'adresse l'offrande ; on sait que, suivant le rituel romain, le taureau sacrifié à Jupiter devait être de couleur blanche. Il est surprenant qu'un accessoire aussi caractéristique que le *dorsuale* ait été incompris ou négligé par tous ceux qui se sont occupés du monument en question. D'autre part, la ponctuation empêche de lire l'inscription servant de légende explicative à ce tableau comme s'il y avait

(1) Un très éminent mythologue, M. Cerquand, vient de soumettre à l'examen de sa critique exercée un des points que j'avais traités. Je suis très sensible à tout ce qu'il y a d'obligeant pour moi dans ses courtoises observations, mais ne pouvant à mon tour en faire ici la contre-analyse, je me plais à remplir un devoir en les signalant à mes lecteurs. (Voir l'article *Taranus? ou Taranis?* dans la *Revue Celtique*, vol. V, p. 381-388).

trigaranus (1) en un seul mot dont on a voulu faire un qualificatif de *tarvos*, c'est-à-dire quelque chose comme « le taureau Trois-Grues ». En réalité, les échassiers ne sont point perchés sur le taureau, pas plus que les arbres qui décorent cette scène ne sont plantés dans la croupe de l'animal. Leur taille, extraordinairement exiguë par rapport à celui-ci, prouve qu'ils sont dans le lointain paysage formant le fond du tableau, ou si l'on aime mieux, dans une sorte de registre supérieur indépendant de celui qu'occupe le taureau. Un dispositif analogue se remarque sur des monnaies gauloises dites *au type du cheval et de l'oiseau* et publiées en fac-simile par M. A. de Barthélemy dans la *Revue archéologique*, t. XV, 1867, pl. III. Sur quelques-unes, le cheval paraît servir de support à l'oiseau ; mais l'illusion se dissipe quand on les compare aux pièces qui montrent l'oiseau placé à quelque distance au-dessus de la croupe du cheval. Ainsi s'évanouit la fable du Taureau Trois-Grues fantastiquement échaffaudée sur la double méconnaissance de l'accoutrement sacrificatoire et de l'effet de perspective mal rendu par l'artiste.

Dans l'inscription TARVOS·TRI·GARANVS il y a, non pas un mot composé *trigaranus*, mais deux mots distincts, *tri* et *garanus*, ce dernier étant ici un nominatif pluriel de la 4e déclinaison pour *garanu(e)s*, comme *manus* pour *manu(e)s*. L'inscription se traduit alors simplement ainsi : « Un taureau ; trois grues ». Ces grues, ou plus exactement, ces cigognes, se voient également sur l'autel de Chesters (Northumberland), consacré de même à Jupiter ; d'un côté, le mâle, de l'autre, la femelle et son petit. Or il est impossible de donner à ces oiseaux une autre signification que celle du symbole connu de la *Pietas*; en chercher une différente pour les cigognes de l'autel parisien serait contraire à la méthode logique de l'archéologie comparée. J'avais déjà donné cette explication, tout en conjecturant que les oiseaux qui accompagnent le taureau sont au même titre que lui, destinés au sacrifice; réflexion faite, je renonce à cette hypothèse subsidiaire, parce qu'elle me paraît maintenant incompatible avec l'état de liberté agreste dans lequel ils sont représentés. Je n'en retiens qu'un point; c'est que la vue de leurs ébats dans les saussaies de la Seine a peut-être rappelé au sculpteur l'idée de

(1) Je me suis assuré de nouveau qu'il existe réellement un point entre le I et le G. Ce signe, à la vérité, moins profond et plus petit que les autres, est en forme de coin triangulaire et paraît avoir été gravé après coup pour réparer un oubli. Notre regretté Florian Vallentin, qui assistait à cette vérification, me fit même observer que la forme géométrique et nette de ce signe excluait l'hypothèse d'une épaufrure accidentelle de la pierre.

piété qu'ils symbolisent, et l'a ainsi amené à les introduire dans la composition. Pour conclure, j'applique sans hésitation au prétendu Tarvos Trigaranus la qualification de *faux dieu* ingénieusement appliquée par M. de Longpérier au soi-disant dieu Leherennus de Strasbourg (1).

Maintenant une question se pose : le caractère romain du bas-relief parisien étant constaté, pourquoi l'inscription qui le surmonte est-elle en langue gauloise ? A celà la réponse est facile ; le choix du nominatif pour les noms des dieux Iovis, Volcanus, Esus, implique clairement que la destination de leurs images est plutôt démonstrative que votive, autrement ces noms auraient été mis au datif. Cette galerie de portraits divins, avec leurs attributs consacrés, constitue donc une sorte d'enseignement religieux exposé en public sous une forme figurative. Ainsi en est-il de l'inscription TARVOS·TRI·GARANVS ; au Gaulois qui s'arrêtait pour la lire elle enseignait que le sacrifice d'un taureau au Jupiter romain était l'acte de piété par excellence.

Le mot gaulois *tarvos* (bas-breton *tarv*, gallois *tarw*, cornique *tarow*, irlandais *tarbh*, ombrien, *turuf*, — taureau) se retrouve à la base des noms de lieu Tarvenna (Gaule Belgique), Tarvisium (Gaule transpadane), Tarvessedum (Rætie). Du même mot sont dérivés les noms d'homme Tarvillus, Tarvacus (2) et le cognomen d'un marin corse, L. Valerius Tarvius (3). Le mot lui-même paraît avoir été employé comme nom propre, dans une très ancienne inscription (4) de Padula (Lucanie) qui débute ainsi qu'il suit : *Ansia*, *Tarvi l(iberta)*, *Rufa* ; que *Tarvos* signifiant « taureau » soit devenu un nom d'homme, on ne s'en étonnera pas plus que du surnom d'un grand personnage, T. Statilius Taurus. Il est assurément remarquable de retrouver ce nom gaulois presque à l'extrémité méridionale de l'Italie ; mais le cas n'est pas isolé ; des inscriptions campaniennes (5) nous font connaître un N. Arcaeus Arellian(us) Caledus et un Πάκκιος Κάλη δος dont le cognomen est identique avec un nom *Caledus* (6) inscrit sur des monnaies gauloises ; celles de bronze portent la légende

(1) *Musée Archéologique*, t. I, 1875, p. 279, article intitulé *Un faux dieu ; Observations sur un bas-relief de Strasbourg*. Il s'agit de la stèle du *miles* Leontius, dont le nom avait été fautivement lu *Leherennus*.

(2) Schuermans, *Sigles figulins*, 5376, 5377 ; cfr. Mowat, dans *Bull. des Ant. de Fr.*, 1881, p. 244.

(3) *C. I. L.* V, 4092.

(4) *C. I. L.* I, 1260. = *C. I. L.* X, 292.

(5) *C. I. L.* X, 793 ; 1490. — *I. R. N.* 2195 ; 2451.

(6) A. de Barthélemy, *Liste des mots relevés sur les monnaies gauloises* (extr. de la *Revue Celtique*, t. I, p. 291-298).

CALIIDV, celles d'argent soit CALEDV, soit CALEDV — SENODON, légende qui n'a pas encore été expliquée, mais qui me paraît devoir être interprétée de la manière suivante, *Caledu(s) Senodon(ni filius)*. L'ex-voto gladiatorial T·R·| CALEDI, *t(ironis) r(etiarii) Caledi*, que j'ai publié dans le *Bulletin Monumental* de 1882, p. 501, en l'attribuant au nord-est de la Gaule, me paraît maintenant avoir plutôt une origine campanienne, d'autant plus qu'il est de même facture qu'un autre ex-voto de Pompéi, RET | SECVNDI, lu par moi *ret(iarii) Secundi*; je note en passant, que le *Corpus Inscriptionum Latinarum*, où ce dernier monument porte le n° 8071 (53), dans le tome X, n'en donne aucune explication.

Tarvos et *Caledus* ne sont pas les seuls noms gaulois qui ont pénétré dans l'onomastique de l'Italie méridionale. On trouve dans la région sabellique un nombre notable de gentilices qui ont conservé intacte leur désinence celtique en *acus* ou en *avus, aus*, contrairement à la règle latine de terminer en *ius* tous les gentilices romains. Tels sont (1) *T. Avidiacus Flavianus, T. Avidiaccus Furianus, T. Avidiaccus Restitutus, Avidiacca Colchis, T. Ammaus Nerva, L. Annaus Habitus, L. Annavus Felix, L. Annavus Primus, C. Accavus Frentio, L. Accavus Phileros, T. Accaus Iustus*; comparez-les à *Anavus* (2), nom d'un dévot du dieu Etnosus (Inscr. de Bourges) et à *Accavia Martiola*, (Inscr. de Paris, *supra*, § XLIII).

L'étude du bas-relief sculpté sous l'inscription ESVS (voir § II) nous a conduit à voir dans ce dieu une sorte de Silvain gaulois. Subsidiairement, nous sommes entré dans quelques détails au sujet des images d'un dieu (3), quelquefois accompagné d'un

(1) Mommsen, *Inscr. Reg. Neap.* 5817; 5941; 6034; 5780; 5474; 5447; 5451; 5362; 5381; 5965; = *C. I. L.* IX, 4245; 3608; 3429; 3573; 3312: 3097; 3106; 3165; 3189; 3396.

(2) *Bulletin des Antiquaires de France*, 1882

(3) A la série des monuments du *dieu au maillet* précédemment indiqués, ajoutons deux autres spécimens. Une statue de grès exhumée à Escles (Vosges) et conservée au musée d'Epinal, représente un personnage en tunique courte et collante, serrée à la taille par une ceinture. La main droite tient un gobelet; la gauche s'appuie sur la tête d'un maillet dont le manche pose à terre par son extrémité. La tête du personnage manque. A sa droite, un chien.

L'autre monument consiste en un cippe calcaire, provenant de Soulosse et conservé au musée d'Epinal. Il est à quatre faces, dont trois ornées de bas-reliefs. Sur le panneau antérieur, un personnage en tunique courte et ajustée, tient de la main droite un maillet à long manche, dressé à terre, la tête en haut. A sa gauche un chien. Au-dessous, deux registres superposés contenant, l'un trois, l'autre quatre bustes féminins drapés, de face. Sur le panneau de droite, un sanglier au pied d'un arbre (chêne?) Sur le panneau de gauche, un personnage en tunique ample, se dirige à droite, s'appuyant de la

chien, mais principalement caractérisé par les attributs du maillet et du gobelet qu'on voit, d'autre part, gravés sur des monuments épigraphiques explicitement dédiés à Silvain. Aucun des consécrateurs de ces monuments, au nombre de sept à notre connaissance, ne porte un nom gaulois ; on entrevoit donc par là qu'il s'agit plutôt du Silvain romain que d'une divinité indigène.

1° Autel de Massillargues. *Maillet multiple et gobelet* :

DEO | SILVANO | A·ANNIVS | EROS | V·S·L·M

2° Autel de Vénasque. *Maillet et gobelet* :

SILVA | NO | VALERI | VS S////

3° Autel d'Arles. *Maillet* :

SILVANO | V·S·L·M | MARTIALIS | SILV//// SIL

4° Autel de Vaison. *Maillet* :

ATTIVS | SIL | V

5° Autel de La Coste. *Maillet* :

SILVANO | V·S·L·M | T·T·M | M·A·S

6° Autel de St-Rémy. *Maillet* :

Q·TER·VOT·SER | D S F VOTVM | M

7° Autel de Notre-Dame-des-Anges. *Maillet* :

SILVAN

Voici maintenant un monument dont il n'a pas encore été tenu compte et qui nous paraît de nature à trancher définitivement

main gauche sur un long manche surmonté d'un objet en forme de tronc de cône renversé. (Photographies communiquées par M. Voulot à la réunion des délégués des Sociétés savantes, à la Sorbonne, le 13 avril 1882).

Il est également à propos de parler ici de la figure extraordinaire connue sous le nom de *Long Man* ou de *Wilmington Giant*, aux environs de Lewes, dans le comté de Sussex (Angleterre). Cette figure a été obtenue au moyen d'une tranchée creusée dans un escarpement de colline convenablement aplani, suivant le contour d'un immense dessin qui représente un personnage nu, de face, debout, les bras étendus, tenant dans chaque main, par le milieu, une hampe sur laquelle il s'appuie ; les hampes ont 230 pieds (anglais) de long, et sont espacées entr'elles de 119 pieds. Cette image gigantesque, d'un effet saisissant, est visible à une grande distance, grâce à la blancheur des briques qui ont été insérées dans la tranchée pour la rendre plus distincte. Le Dr Phéné a conjecturé que l'enceinte ainsi délimitée servait à renfermer les victimes de l'holocauste dont parlent César (*B. G.* VI, 16) et Strabon (IV, v. 5). D'après l'archéologue anglais, les mots κολοσσὸν χόρτου καὶ ξύλων devraient s'entendre, non d'un mannequin d'osier, mais d'une enceinte clayonnée et palissadée, à configuration humaine.

On connaît en Angleterre d'autres exemples de figures gigantesques découpées dans des escarpements, le *Cerne Giant*, dans le Dorsetshire, le *Dragon Hill* dans le Berkshire, le *White Horse*, à Westbury. Il serait intéressant de rechercher s'il en existe en France, et d'en faire le sujet d'une étude d'ensemble. Pour le moment, je me borne à renvoyer le lecteur aux *Sussex archaeological Collections*, tome IV, p. 63, et tome XXVI, p. 97 ; aux *Transactions of the royal Institute of British architects*, tome III (1872), p. 181, et au *Warne's ancient Dorset*, p. 324.

cette question controversée. Le Musée Britannique possède un médaillon de bronze que je décris, d'après deux fac-simile presque identiques, quoique dessinés par des mains différentes (1).

Au droit: ANTONINVS AVG PIVS PP TR P XIX COS IIII. *Tête laurée d'Antonin, à droite.*

Au revers: *Silvain debout, vu de face, nu, une chlamyde (ou nébride) suspendue au bras gauche et retombant sur la cuisse. Il tient dans la main gauche une branche d'arbre (pin), dans la droite un maillet court; à sa gauche, un autel sur lequel est posé un vase à deux anses; à sa droite, un arbre; à ses pieds, du même côté, un chien.*

La tête du maillet est légèrement infléchie, comme le serait un tronçon de branche tranché au-dessus et au-dessous du point d'embranchement de la tige servant de manche. Cet instrument, pris à même sur l'arbre, nous paraît constituer par excellence le modèle du maillet rustique. Notez qu'en latin le mot *malleolus* signifie indifféremment un petit maillet ou une crossette d'arbre, de vigne. La présence du vase et du chien complètent l'identification de ce type avec celui du Silvain porte-maillet dont on rencontre tant de spécimens en Gaule. Il ne saurait plus rester un doute sur le caractère essentiellement romain de ce dernier, puisque le médaillon d'Antonin a été frappé en l'an 156, à Rome même.

La numismatique que nous venons de faire intervenir pour restituer au Silvain sphyrophore son attribution romaine nous rend le même service à l'égard du dieu improprement appelé tricéphale, auquel conviendrait mieux l'épithète de triface, puisqu'il est représenté, non à trois têtes, mais à trois visages.

Il existe deux variétés d'une monnaie moyen-bronze d'Hadrien, peu rare, que je décris d'après des exemplaires du Cabinet des Médailles et de ma collection (cfr. Cohen, *Desc. des Monn. imp.*, t. II, 2e édit., 1882, p. 129, nos 281, 282).

Au droit: HADRIANVS AVGVSTVS. *Buste lauré d'Hadrien, à droite.*

Au revers: COS III S C. *Janus Quadrifons debout et de face, barbu, à demi-nu, posant la main gauche (ou droite) sur la hanche, s'appuyant de la main droite (ou gauche) sur un sceptre.* On lui voit très distinctement de face un visage encadré de deux profils tournés à droite et à gauche; le visage postérieur est nécessairement caché par l'antérieur.

(1) Herbert A. Grueber, *Roman medallions of the British Museum*, pl. XIII, f. 2; Cohen, *Description historique des monnaies impériales*, t. II, 2e éd. (1882), p. 388, no 1157.

Les personnes étrangères à la numismatique ont la ressource de vérifier ce signalement sur le fac-simile gravé par Montfaucon dans son *Antiquité expliquée*, t. I, pl. VI, f. 18.

Ce type romain sur lequel il n'y a que trois visages apparents, et qui a dû devenir promptement populaire dans tout l'Empire, grâce à la circulation du numéraire, a peut-être servi de modèle à nos blocs trifaces. Les sculpteurs gallo-romains l'ont copié avec tant de servilité inintelligente que, lorsqu'ils l'ont façonné sur des cippes cylindriques ou quadrangulaires, ils n'ont pas songé à y rétablir le quatrième visage que laissait à deviner le modèle exécuté sur la surface plane d'une médaille ou d'une tablette. Ainsi s'explique le dispositif défectueux du cippe cylindrique de Reims (1) au sommet duquel se voient trois visages juxtaposés occupant tout le pourtour du cylindre partagé en trois secteurs égaux. Quant aux cippes quadrangulaires généralement destinés à rester appliqués contre un mur, comme le prouve leur façade postérieure à peine ébauchée et simplement épannelée, il était inutile d'y sculpter un quatrième visage, qui aurait été par la suite soustrait aux regards du spectateur.

Il faut dire aussi que les Romains étaient familiarisés avec la représentation du Janus Quadrifons longtemps avant l'époque d'Hadrien, puisqu'une statue de ce type avait été apportée de Faléries à Rome dès l'an 293 avant l'ère chrétienne.

Le dieu tricéphale de Dennevy (2), le seul véritablement tricéphale, puisqu'il a trois têtes distinctes montées sur trois longs cous, affecte une attitude qui, bien qu'incomprise jusqu'à présent, devient très facile à expliquer dès que l'on admet que c'est un Janus dont la quatrième tête est cachée derrière les trois autres. Il est en pied et fait le geste d'une personne qui rapproche les mains l'une de l'autre, à hauteur de ceinture. Or, Macrobe dit expressément que les statues de Janus dans cette attitude étaient très nombreuses : « *inde et simulacrum ejus plerumque fingitur, manu dextra trecentorum, et sinistra sexaginta et quinque numerum tenens ad demonstrandum anni dimensionem* ». (*Saturn.* I, 9). Pline n'est pas moins explicite : « *praeterea Janus geminus a Numa rege dicatus qui pacis bellique argumento colitur, digitis ita figuratis at trecentorum sexaginta quinque dierum nota per significationem anni temporis et aevi se deum indicaret* ». (*Hist. Nat.* XXXIV, 16). Une

(1) Maxe-Werly, *Numismatique rémoise*, pl. IX, f. 2. Al. Bertrand, dans la *Revue Arch.* XL, 1880, p. 12, gravure.

(2) Voir le fac-simile dans *Autun archéologique*, p. 227, et dans la *Revue archéologique*, t. XL, 1880, pl. XII bis.

de ces statues se voyait encore à Constantinople du temps de Codinus Curopalatès, c'est-à-dire dans les dernières années du Bas-Empire. Il devient maintenant visible que nous possédons dans le bas-relief de Dennevy un exemplaire du type décrit par Pline, par Macrobe, par Codinus ; le dieu rapproche les mains l'une de l'autre pour figurer, à l'aide des doigts pliés et juxtaposés *ad hoc*, les chiffres du nombre CCCLXV, comme symbole des jours de l'année à laquelle il préside. Isidore de Séville, St-Augustin, Suidas, Lydus, Servius parlent aussi des images de Janus Quadrifons comme d'objets connus de tout le monde, tant elles étaient nombreuses à l'époque impériale. Il serait fort surprenant qu'elles eussent complètement disparu du sol de la Gaule, si riche en débris de l'antiquité romaine. Eh bien ! nos bas-reliefs et nos cippes à figures trifaces sont là pour nous assurer du contraire. Jusqu'à présent nous en comptons quinze, à savoir un trouvé à Paris, un à Laon, un à la Malmaison (musée de St-Germain), un à Beaune, un à Dennevy (musée d'Autun), huit à Reims, un à Nîmes (musée de Lyon), un à Auch. La découverte de ce dernier, quoique remontant à près de quinze ans, vient seulement d'être révélée aux archéologues, grâce au zèle de M. Taillebois, de Dax, qui s'en est rendu acquéreur (1). C'est un fragment de bas-relief montrant deux têtes vues de face et séparées par un cordon vertical ; celle de gauche est imberbe et se compose d'un visage encadré de deux profils latéraux ; celle de droite est barbue et n'a qu'un seul visage. Ce monument offre une grande analogie avec l'un des cippes quadrangulaires de Reims (2) et avec le bas-relief de Risingham (Angleterre), sur lesquels on voit également une figure triface faisant en quelque sorte pendant à une figure uniface symétriquement placée. Le bas-relief de Risingham porte en outre une inscription romaine, NVMINIB | AVGVSTOR | COH IIII GAL | EQ | FEC (3) ; c'est le seul exemplaire connu d'un triface accompagné d'un texte épigraphique ; à ce titre, il est extrêmement intéressant et instructif. De l'exposé qui précède il résulte que ces curieuses figures, que l'on regardait d'abord comme des idoles propres aux Gaulois du nord-est, commencent à se trouver un peu partout, de l'extrême midi de la Gaule jusqu'au nord, en Narbonnaise, en Aquitaine, en Lyonnaise, en

(1) E. Taillebois, *Notice sur une inscription gallo-romaine et sur un autel gaulois à divinité tricéphale trouvés à Auch ;* fac-simile.
(2) Maxe-Werly, *Numismatique rémoise*, pl. X, fig. A, B, C.
(3) Bruce, *Lapidarium septentrionale*, p. 325 n. 627, *fac-simile* Cfr., *C. I. L.* VII, n. 1001 ; le détail du triface y a été omis.

Gaule Belgique, et jusqu'en Grande-Bretagne. Quelques-unes sont couronnées de laurier, exactement comme le Janus bifrons des as de l'époque républicaine ; un attribut aussi caractéristique est évidemment étranger à la mythologie gauloise. Parmi ces figures, les unes sont barbues, les autres imberbes ; la même diversité s'observe dans les représentations du Janus romain.

Tout concourt donc à nous faire conclure que les soi-disant tricéphales n'ont rien de gaulois, si ce n'est la main-d'œuvre, qui a eu pour effet d'imprimer un caractère grossier et barbare au type du dieu Quadrifons, tel que les Romains le représentaient. Si l'on hésitait encore à les identifier avec Janus, il suffirait de les comparer au cippe quadricéphale de Niederkerschen (Luxembourg), dont les archéologues français n'ont jamais tenu compte, apparemment parce que la découverte n'a encore été mentionnée que dans une publication étrangère, peu connue en dehors de son pays d'origine. Ceux que la question intéresse feront bien de se reporter à la page 208 et au fac-simile gravé sur la planche V du tome XVII (1862) des *Publications de la Société pour la recherche et la conservation des monuments historiques dans le grand-duché de Luxembourg* (in-4°). Le cippe consiste en un fût de colonne cylindrique, ayant $0^{m}22$ de diamètre et $0^{m}70$ de hauteur, surmonté de quatre têtes alternativement barbues et imberbes, adossées réciproquement deux à deux, de manière à constituer une sorte de chapiteau en saillie au sommet de la colonne. L'étude de nos blocs trifaces serait incomplète sans celle de ce *Vierkœpfige Stein* luxembourgeois, qui nous fournit, conjointement avec le moyen-bronze d'Hadrien, l'argument décisif pour leur enlever leur fausse étiquette d'idole gauloise et les faire rentrer dans le cercle des monuments de la religion romaine.

Pour faire suite à ma dissertation sur le dieu Cernunnos auquel j'ai restitué l'attitude accroupie habituelle aux peuples gaulois (1)

(1) Strabon, IV, IV, 3. Le même Strabon, qui rapporte que les Gaulois s'asseyaient à terre sur des bottes de paille, remarque que les Lusitans faisaient usage de sièges proprement dits, καθήμενοὶ τε δειπνοῦσι περὶ τοὺς τοίχους κατέδρας οἰκοδομητὰς ἔχοντες.

Le personnage accroupi des bas-reliefs gallo-romains que nous avons étudiés exerce depuis quelque temps la sagacité des archéologues ; nous croyons donc bon de rappeler que la comparaison avec le personnage de même type sur une monnaie de potin fréquemment trouvée en Champagne a été faite par nous dans le *Bulletin Monumental* de 1876, p. 366, pour la première fois ; du moins, nous ne l'avons rencontrée dans aucune publication antérieure. Quant au rapprochement de ce type monétaire avec celui de la monnaie carrée du roi bactrien Mauès, il a été également signalé pour la première fois par nous d'après deux bons exemplaires de notre collection, communiqués à la Société des Antiquaires de France dans sa séance du 17 novembre 1880 (*Bull.*, p. 269, 275) ; mais nous nous sommes

et que j'ai reconnu pour leur Dis Pater (voir § III), il convient d'enregistrer la récente découverte d'un nouvel exemple de divinité cornue signalé par M. Maxe-Werly à la Société des Antiquaires de France dans la séance du 4 avril 1883. C'est un fragment de bas-relief, trouvé à Reims, sur lequel on voit trois têtes masculines; celle du milieu est cornue; celle de droite porte la coiffure caractéristique de Mercure; celle de gauche est imberbe; les corps manquent. Il semble qu'on ait là une deuxième édition du magnifique groupe découvert en 1837, également à Reims, composé d'un dieu à cornes, accroupi entre Mercure et Apollon debout. Nous avons fait remarquer que la présence du rat sculpté au-dessus de ce personnage central confirme notre identification de ce dieu avec Dis Pater, parce que, dans l'opinion de M. le baron de Witte, cet animal, dont la demeure est souterraine, est consacré à Pluton.

Un argument analogue peut être tiré de la présence des serpents placés sous les pieds des deux Génies funèbres, de chaque côté du dieu cornu et accroupi de Vendœuvres-sur-Brenne (1). En effet, le serpent en sa qualité d'animal chthonien, convient comme attribut d'une divinité infernale. Sur un vase peint de l'ancienne collection Durand est représenté l'exploit d'Hercule enchaînant un cerbère bicéphale entouré de serpents; la queue du chien est remplacée par un de ces reptiles à gueule béante (2). Sur le bras droit d'une figurine en bronze de Pluton rampe un petit serpent. On voit aussi la partie inférieure d'un uréus sur le dossier du trône d'une autre figurine de Pluton (3). Une peinture sépulcrale d'Orviéto montre Pluton armé d'une lance autour de laquelle s'enroule un serpent (4). J'assigne la même signification chthonienne aux cérastes qui viennent prendre leur nourriture dans le giron de la figurine accroupie d'Autun, dans celui de la Proserpine d'Epinal, du Pluton de Montluçon; je l'assigne aussi aux deux cérastes sculptés sur les côtés de la stèle du Mercure psychopompe barbu de Beauvais (5).

gardé de songer à une influence orientale, ou même à une simple réminiscence asiatique sur les monuments gaulois de ce type, monnaies, bas-reliefs, statuettes. Nous n'admettrions pas davantage l'influence africaine, si l'on voulait se prévaloir d'un ex-voto carthaginois, qui montre un personnage accroupi tenant une pomme et un oiseau; voir le fac-simile dans les *Ex-voto du temple de Tanit*, p. 13, publiés par M. Ph. Berger.

(1) *Revue archéologique*, t. XLIII, 1882, p. 321, pl. IX.

(2) De Witte, *Cabinet d'antiquités du chevalier Durand*, nº 265.

(3) De Longpérier, *Notice des bronzes antiques du musée du Louvre*, nºs 325 et 326.

(4) G. C. Conestabile, *Pitture murali a fresco*, pl. XI.

(5) Voir les fac-simile publiés par M. Al. Bertrand, dans la *Revue archéologique*, t. XXXIX, 1880, p. 340, 341 et t. XL, 1880, p. 15, 16.

Quant aux bucrânes sculptés sur le monument opisthoglyphe de Saintes (1), ils n'ont pas encore été expliqués. Il est cependant aisé de deviner qu'ils symbolisent le sacrifice offert à chacune des divinités auxquelles ils correspondent, comme le taureau offert à *Iovis* sur l'autel parisien. Si deux victimes sont attribuées au dieu accroupi, tandis qu'une seule correspond à son compagnon, c'est évidemment en raison de la primauté que ses adorateurs lui reconnaissaient; cette primauté dénonce qu'il s'agit de Dis Pater duquel les Gaulois se prétendaient issus. Ces deux taureaux devaient être de couleur noire, d'après le rituel.

On voit que tous les détails s'expliquent logiquement dans notre système d'interprétation que nous préférons baser sur les renseignements positifs fournis par les monuments mythologiques de l'art gréco-romain, plutôt que sur des rapprochements douteux avec les nuageuses légendes scandinaves et germaniques, ou les problématiques conceptions religieuses du lointain Orient.

En dehors de la civilisation romaine dans laquelle s'est absorbé le monde gaulois, le seul secours que nous attendons nous viendra peut-être des progrès que font rapidement les études néo-celtiques. Un gage de bon augure nous en est fourni d'une manière inattendue par une série de faits que M. d'Arbois de Jubainville vient de mettre en lumière, et qui tendent singulièrement à confirmer notre identification du dieu cornu avec le dieu gaulois de la nuit et des ténèbres que César assimilait, en raison de ces attributions, au Dis Pater romain, *Galli se omnes ab Dite Patre prognatos praedicant, idque ab druidibus proditum dicunt. Ob eam causam, spatia omnis temporis non numero dierum, sed noctium finiunt; dies natales et mensium et annorum initia sic observant, ut noctem dies subsequatur.* (*Bell. Gall.* VI, 18). Dans la séance de la Société des Antiquaires de France du 25 avril dernier, notre savant confrère a lu une note que nous reproduisons intégralement à cause des rapports directs que nous lui trouvons avec notre sujet.

« Si nous en croyons les documents mythologiques irlandais, « les dieux celtiques paraissent s'être divisés en deux groupes « qui sont souvent opposés l'un à l'autre. L'un est celui des « *Tuatha dê Danann,* dieux solaires, dieux de la science et de « la vie; l'autre est celui des *Fomoré* ou *Fomoraig*, dieux de la « mort, de l'ignorance et de la nuit. Les *Fomoré* sont des géants. « Leur nom est rendu par *Gigas* dans la *Topographia Hibernica* « de Giraldus Cambrensis. Certains d'entr'eux n'ont qu'un pied

(1) *Ibid.*, t. XXXIX, pl. X.

« et qu'une main. Le père de Balar, l'un d'eux, est nommé « *Buar-ainech*, c'est-à-dire « à face de taureau, de bœuf ou de « vache », dans un texte que nous a conservé le livre Leinster, « msc. du milieu du 12e siècle, appartenant au collège de la « Trinité, à Dublin. Une composition magique, transcrite dans « le même manuscrit, parle de la bête à cornes, taureau, vache « ou bœuf, *buar de tethra*, autre Fomoré qui, vaincu par les « Tuatha dê Danann, est devenu le roi du pays habité par les « héros morts, *cia buar Tethrach tibi (idon falid)*? — A qui « est-ce que la bête à cornes de Téthra sourit? (c'est-à-dire fait « un signe de joie ou souhaite la bienvenue?). — Un morceau qui « se lit sur le premier feuillet du msc. dit *Leabhar na huidhre*, « écrit à la fin du 11e siècle et aujourd'hui dans la bibliothèque « de l'Académie d'Irlande, nous apprend qu'à l'époque chré- « tienne on discutait la question de savoir si les *Fomoré* des- « cendaient de Cham ou de Caïn, et qu'on leur associait des « personnages à tête de chèvre, *Gabor-chind*, et des nains qui « appartenaient au même groupe et auraient eu la même ori- « gine. Ainsi la mythologie irlandaise a connu des dieux mons- « trueux, dont quelques-uns sont cornus, les uns, hommes à « face de taureau, de vache ou de bœuf, les autres à tête de « chèvre. Enfin, elle nous offre un dieu auquel appartient une « bête à cornes, taureau, vache ou bœuf; ce dieu est *Fomoré*; « le dieu à face de taureau, de vache ou de bœuf, est *Fomoré*. « Les dieux à tête de chèvre sont associés aux *Fomoré*, et les « *Fomoré* sont dieux de la nuit, de la mort. Il semble y avoir là « une indication de quelque intérêt; peut-être pourra-t-elle être « utile aux savants qui s'occupent d'archéologie celtique, et « fournir une base au classement des statues des dieux gaulois ».

On trouvera naturel que nous nous approprions ces dernières réflexions pour la confirmation de notre thèse; Cernunnos est bien le même que le Dis Pater dont parle César.

Quant à Esus, il reste pour nous le Silvain des Gaulois; Teutatès est leur Mars, Taranus leur Jupiter; ce qui n'empêche d'aucune façon ces divinités d'avoir reçu, en outre, d'autres dénominations, telles que Cocidius, Camulus, Sucelus, etc.

Vienne, imp. Savigné. — 1883.

www.ingramcontent.com/pod-product-compliance
Ingram Content Group UK Ltd.
Pitfield, Milton Keynes, MK11 3LW, UK
UKHW021231230726
13926UKWH00003B/1368

9 782014 460131